Mes

souvenirs de .75 d'un artilleur d'une batterie de .75m/m en 1914

Paul Lintier

Writat

Cette édition parue en 2024

ISBN : 9789359945941

Publié par
Writat
email : info@writat.com

Contenu

PRÉFACE

PAR FRANCES WILSON HUARD

Auteur de "Ma maison au champ d'honneur"

Au cours des trois années fatigantes de cette grande guerre, *les véritables* plaisirs ont été rares pour ceux d'entre nous que le destin a destinés à être plus ou moins étroitement associés au cours quotidien des événements.

En regardant en arrière, j'ai l'impression que l'un de mes premiers plaisirs a été lorsque je suis tombé sur le volume récemment publié de Paul Lintier intitulé "Ma Pièce". Je l'ai lu, relu et recommandé à ceux de mes amis américains qui, sachant lire le français, réclamaient un véritable document humain ; la guerre vue par un véritable participant.

Au-delà du style clair et concis, dénué de toute fioriture littéraire prétentieuse, ce sont les incidents qui m'ont captivé. Ils étaient la réponse directe à ces mille et une questions que nous, civils enfermés dans la zone militaire, torturés par la peur et l'angoisse, nous posions et nous posions cent fois par jour.

Soldats et diplomates, critiques et littérateurs, épouses et amantes partout dans la belle terre de France ont dévoré et discuté le livre. Et je n'imaginais pas que j'aurais un jour le privilège d'écrire une préface pour présenter à mes compatriotes ce *chef-d'œuvre* déjà reconnu par l'Académie française, lauréat du prix Montyon. C'est, je peux vraiment le dire, le plus grand plaisir qui m'ait jamais été attribué. Avec plaisir, hélas ! non sans mélange de douleur, car n'était-il pas une tâche plus noble de vanter les vertus des vivants que de chanter les louanges de ceux qui nous ont précédés ?

Ce n'était pas ma chance d'avoir connu Paul Lintier. Il est tombé à la fleur même de sa virilité, sans se soucier du sacrifice pour le pays, ignorant sa glorieuse contribution à la sécurité des générations futures. Mais avec sa disparition au Champ d'honneur, autre chose qu'un fils, un soldat et un poète a été perdu pour la France – perdu pour nous tous. Ce sont des esprits comme le sien qui font la grandeur d'un pays et qui font que le monde vaut la peine. C'est pour ces raisons que nous devrions chérir avec d'autant plus de soin ses seules contributions à la postérité.

Son nom, hier inconnu, est désormais à juste titre gravé dans les archives de tous les temps. Cet humble artilleur perdu dans la masse des combattants, a noté à genoux un ouvrage qui restera comme l'un des témoins les plus immuables du conflit ; un livre qui restera longtemps après notre départ ; un document incomparable, une offrande magnifique à ceux qui étudieront plus tard les âmes et les gestes d'une génération de héros par qui la France a été sauvée.

Quelqu'un a dit, avec sagesse, que ce qui nous plaît le plus lorsqu'on lit un livre, c'est de trouver l'auteur corroborant nos propres pensées, donnant la parole à nos sentiments à naître, nous fournissant un matériau de comparaison. Si cela est vrai, alors il n'y a aucune raison pour que "Mon ·75" ne vive pas éternellement.

Au-delà d'un très grand talent littéraire, ce livre révèle l'âme profonde et généreuse de toute la Jeunesse Française prête à se sacrifier sans compter, pour l'idéal le plus élevé qui ait jamais enflammé un peuple.

L'admirable patience, la grande bonne humeur, l'intelligence intelligente et le dévouement héroïque, ainsi que le courage simple et simple, toutes les qualités profondément enracinées et insoupçonnées de la race française, se retrouvent sous ses couvertures, ce qui en fait un monument à vertu stoïque.

Comme nous les aimons, toutes les « Camarades » — Hutin, Deprès, Bréjard, le lieutenant Hély d'Oissel — et les autres — les quatre millions d'autres qui, le 2 août mil neuf cent quatorze, se tenaient prêts, prêts à périr pour leur idéal, heureux d'offrir sa vie avec le sourire.

La dédicace au « Capitaine Bernard de Brissoult, dont la mort glorieuse face à l'ennemi, tira des yeux brûlés par la poudre et des longues veilles, les larmes terribles des soldats », est une des choses les plus touchantes que je connaisse, et j'aimerais sentir que tous ceux de mes compatriotes qui ferment le livre ont versé une larme d'admiration et de regret pour Paul Lintier, mort pour la France, le seize mars mil neuf cent seize, dans la vingt-troisième année de son âge.

New York,

juillet mil neuf cent dix-sept.

I.
MOBILISATION

GUERRE ! Tout le monde le sait, tout le monde le dit. Ce serait de la folie de ne pas y croire. Et pourtant, malgré tout, nous ne nous sentons guère excités ; nous n'y croyons pas ! La guerre, la Grande Guerre européenne, non, cela ne peut pas être vrai !

Mais pourquoi cela ne serait-il pas vrai ?

Du sang, de l'argent, et toujours plus de sang ! Et puis on a si souvent entendu dire : « Maintenant, il y aura la guerre », et pourtant nous sommes restés en paix. Et ce sera le cas cette fois. L'Europe ne va pas devenir un désastre parce qu'un archiduc autrichien a été assassiné.

Et pourtant, qu'attendons-nous toutes les heures, assis ici, dans une paresse nerveuse, dans les casernes, si ce n'est l'ordre de la mobilisation générale ? Des sergents de tous âges sont arrivés hier au Mans, et chaque train aujourd'hui en a amené d'autres. Depuis le réveil, un homme vêtu de gros velours côtelé se tient à la fenêtre et regarde les artilleurs et les chevaux qui vont et viennent sur la place. De temps en temps, il sort une gourde de cognac de sa poche et la tire.

J'étais allongé sur mon lit. Hutin, le principal officier du premier canon, était étendu sur le sien, fumant, les genoux en l'air et les talons repliés sous lui. Constatant que mon sac était de travers, je me levai machinalement et le remis droit.

« Hutin ! »

"Oui?"

"Viens boire un verre !"

"D'accord!"

La place de la caserne était moins bruyante que d'habitude. Il n'y avait pas de pilotes rentrant du polygone dételant leurs attelages devant les écuries. Aucun mot d'ordre ne fut entendu de la part des officiers dirigeant les exercices de tir sous les platanes. Dans un coin, un des gardes du parc d'artillerie graissait ses pièces. Un cavalier, les deux mains dans les poches et les rênes en bandoulière sur un bras, conduisait son cheval vers l'abreuvoir ou la forge. Près du mur de l'écurie de remontée, en plein soleil, quelques aides-soignants pansaient nonchalamment leurs chevaux. Un flux continu d'hommes allant et venant de la cantine, comme une ligne noire d'insectes traversant un chemin de gravier blanc, délimitait l'une des diagonales de la place. Devant la cantine, on se bousculait pour acheter des boissons. C'était chaud.

Midi, et nous attendons toujours des nouvelles. Supposons que tout cela ne soit qu'une nouvelle fausse alerte !

Des artilleurs vêtus de blanc, n'ayant rien à faire puisqu'il n'y a pas d'entraînement au tir, se promènent dans la cour à la recherche de nouvelles. Sur la place de la Mission, des curieux se pressent contre la grille ; il est difficile de dire pourquoi. La majorité d'entre eux sont des femmes. Devant eux passent quelques artilleurs souriants et fanfarons, prenant déjà des airs de vaillants défenseurs.

Près du corps de garde qui sert de salle des visiteurs, mais où l'entrée est interdite à cause des puces qui l'infestent à cette époque de l'année, des épouses, des mères, des sœurs et des amies sont venues voir leurs soldats. Tous tentent courageusement de cacher leurs sentiments. Mais leur expression trahit leur inquiétude, qui a tapissé leurs fronts et aiguisé leurs traits. Il y a des cernes sombres autour de leurs yeux, et leurs yeux eux-mêmes sont agités et enfoncés. Ils détournent continuellement les yeux, de peur que des craintes et des pressentiments que personne ne peut bannir ne se lisent sur leurs visages. Lorsqu'ils s'éloignent, par la petite porte sous les marronniers, après avoir vu les soldats disparaître dans le couloir au fond de la caserne, leur émotion s'exprime tout à coup dans un sanglot dont ils sont eux-mêmes surpris. Rapidement et presque honteusement, portant à leurs lèvres un mouchoir roulé, ils s'écartent dans la rue Chanzy, comme si tous les hommes là-bas ne comprenaient pas leur trouble...

A quatre heures, je sortis avec le sergent Le Mée avec autorisation spéciale du capitaine. Nous sommes allés dans ma chambre de la rue Mangeard pour y déposer l'uniforme extérieur de Le Mée, ainsi qu'un sac et quelques papiers.

Nous étions sur le point de dîner. Je venais de déboucher une bouteille de vieux bordeaux, lorsque Le Mée me saisit le bras.

"Qu'est ce que c'est?"

De la rue, un grand murmure retentit par la fenêtre ouverte. Au même moment, quelque chose de magnétique, d'indéfinissable et pourtant de défini, nous traversa tous les deux. Nous nous sommes regardés, moi avec la bouteille tenue au bord du verre.

"Enfin!"

Le Mée acquiesça et nous nous précipitâmes vers la fenêtre. Dans la rue en contrebas, près de la caserne d'artillerie, affluait une foule dense. Tous les visages reflétaient la même expression de stupeur, d'anxiété et de perplexité.

Dans les yeux de tous brillait la même étrange lueur. Des voix de femmes ont été entendues, des voix qui trébuchaient et se brisaient...

"Eh bien, Le Mée, à ta santé et espérons que dans quelques mois nous reprendrons un verre ensemble !"

« Voici de la chance pour nous deux ! »

Saisissant nos épées, nous avons couru vers la caserne. Cette nuit-là, nous avons de nouveau dormi dans nos lits.

dimanche 2 août

Mon kit était prêt. J'avais enroulé quelques mouchoirs dans mon manteau.

Un sergent entra :

"Maintenant, allez tous au bureau !"

Le sergent commença à distribuer les livrets et les disques d'identité.

Sur un côté du mien était inscrit : « Paul Lintier » et, en dessous, « EV (engagé volontaire) Cl. 1913 » ; de l'autre : « Mayenne 1179 ».

Une mouche bourdonnait dans le bureau. L'espace d'un instant, j'ai eu la vision d'un champ de bataille, avec des morts étendus au bord d'une fosse et un sous-officier les identifiant à la hâte avant l'enterrement.

Le « Grand Événement » était enfin venu briser la monotonie de notre vie de caserne, et personne ne pensait à autre chose. C'était presque comme si une sorte d'aveuglement nous empêchait de regarder devant nous et limitait l'attention de chacun aux préparatifs du départ. Cette indifférence m'étonnait, et pourtant je la partageais moi-même.

Était-ce une décision ou du courage ? Dans une certaine mesure, peut-être... Croyait-on vraiment qu'il y aurait la guerre ? Je n'en suis pas trop sûr. Il était impossible d'imaginer ce que serait la guerre, d'en mesurer toute l'horreur. Et donc nous n'avions pas peur.

Depuis l'une des fenêtres de la caserne, j'ai vu la scène suivante :

Un jeune homme, aussitôt appelé par la mobilisation générale, venait de sortir d'une maison d'en face. Il marchait à reculons, se protégeant les yeux du soleil pour voir le visage d'une personne qui lui était chère, qui se tenait à l'une des fenêtres du deuxième étage. Une femme blonde, très jeune et extrêmement pâle, le regardait avec des yeux impatients derrière les rideaux de mousseline, craignant sans doute de lui laisser voir son visage désemparé et ses joues tachées de larmes. Elle se tenait tout près derrière les rideaux, la main sur la poitrine, les doigts tendus spasmodiquement dans une attitude éloquente de douleur. Alors qu'il allait disparaître au détour d'un chemin, elle ouvrit brusquement la fenêtre toute grande et se montra un instant. L'homme ne pouvait pas la voir. Elle fit deux pas chancelants en arrière et se laissa tomber dans un fauteuil où elle se recroquevilla, le visage dans les mains et les épaules secouées de sanglots. Puis, dans la pénombre de la pièce, j'aperçus une servante à bonnet breton qui lui portait un bébé....

A midi, nous quittions la caserne pour occuper le logement qui nous avait été assigné un peu en contrebas de l'avenue de Pontlieue.

Les 10e et 12e batteries du 44e régiment d'artillerie de campagne devaient se rassembler sur le pied de guerre dans la cidrerie dite de Toublanc.

Nous n'avions rien d'autre à faire que de secouer la litière de paille. Un moteur à gaz palpitait avec un double battement incessant qui, au bout d'un moment, énervait. Sur les portes des bâtiments disponibles étaient grossièrement inscrits à la craie les numéros des régiments auxquels ils étaient attribués.

Les écuries étaient installées dans un hangar ouvert d'un côté, à une extrémité duquel étaient entassés des tonneaux contenant des harnais. Ces écuries auraient été tout à fait confortables si elles n'avaient pas eu une odeur si horrible à cause des toilettes sales qui leur étaient attenantes.

Les quartiers des hommes avaient été aménagés dans un potager plein de cassis et de pêchers, et consistaient en une vieille dépendance en ruine, qui semblait avoir échappé à une destruction complète uniquement à cause des vignes et des vignes vierges qui y poussaient. , qui, dans une étreinte de branches et de vrilles étroitement entrelacées, maintenait ensemble ses murs en ruine. Les raisins étaient déjà gros et gras, augurant une belle récolte. Je me demandais où nous devrions être lorsque le moment serait venu de les rassembler.

Personne ne se souciait de savoir si la guerre avait été déclarée. Après tout, la déclaration ne signifiait que quelques mots déjà prononcés ou sur le point d'être prononcés par les diplomates. La guerre était déjà une réalité. Nous l'avons ressenti. La seule question qui nous préoccupait était de savoir quand nous devions partir, et personne ne pouvait y répondre.

Les hommes étaient joyeux, indifférents et beaucoup moins nerveux qu'hier. Personnellement, je ne me sentais pas accablé par le poids intolérable d'anxiété que j'espérais m'écraser à un tel moment. Je voulais demander à tous mes camarades s'ils croyaient vraiment que dans quelques jours nous serions sous le feu des tirs. Et s'ils avaient répondu « oui », je les aurais admirés, car si je restais calme et serein devant le gouffre béant qui s'ouvrait devant nous, c'était simplement parce que je n'en avais pas encore compris la profondeur.

Je n'arrêtais pas de me répéter : « C'est la guerre, une guerre effroyable et sanglante... et peut-être serez-vous bientôt morts. Mais je n'avais pourtant aucune peur ; Je ne pensais pas que je devais être tué. Je réalise maintenant qu'il est vrai qu'en présence d'un mort qu'on a aimé, on ne croit pas d'abord qu'il (ou elle) est mort.

J'ai écrit ces notes assis sur une caisse d'emballage, utilisant le fond d'un tonneau retourné comme table. Un gardien d'écurie, après m'avoir observé un instant ou deux, est venu regarder par-dessus mon épaule.

"Seigneur!" dit-il, vous l'avez mal !

Lundi 3 août

On ne sait pas encore si la guerre a été déclarée, mais Metz serait en flammes et certains disent même prise. Certains avions et dirigeables français y auraient fait exploser les poudrières. Il y a aussi une rumeur selon laquelle Garros aurait détruit un Zeppelin piloté par vingt officiers et qu'à la frontière nos aviateurs se demandaient qui tenterait en premier d'éperonner un dirigeable ennemi. Les Allemands auraient franchi hier notre frontière en trois endroits. Mais hier, nous avons appris que nos soldats, malgré leurs officiers, avaient pénétré sur le sol allemand. Les rumeurs qui circulent sont innombrables, et les choses les plus probables et les plus improbables sont dites dans le même souffle.

Que devons-nous croire? Rien, bien sûr. C'est mieux.

Mais nous avons soif de nouvelles, et pourtant, quand on nous en apporte, nous haussons les épaules avec incrédulité. Néanmoins, lorsqu'un succès est annoncé, nous avons tellement hâte d'y croire que la plupart des sceptiques n'ont besoin que d'une affirmation suffisamment vigoureuse pour l'accepter comme vrai.

J'ai l'intention de noter chaque jour des fables et des faits. Mais à l'heure actuelle, je ne suis pas en mesure de faire la distinction entre ce qui est vrai et ce qui est faux.

Je m'efforce seulement, dans ces pages griffonnées à la hâte, de donner une idée des différents éléments qui composent l'état d'esprit d'un soldat perdu parmi une foule d'autres. En ce sens, fait et fable sont une seule et même chose ; mais plus tard, si ce carnet n'est pas enterré avec moi dans quelque tombe anonyme là-bas, ces notes serviront peut-être à former une histoire de légende. Une histoire de légende, c'est tout ce que j'ose espérer réaliser !

J'ai une heure ou deux de libre pour écrire et j'utilise un banc comme bureau. Derrière moi, les chevaux ne cessent de piétiner par intermittence le sol en ciment du hangar. Ce ne serait pas si grave si ces toilettes ne sentaient pas si abominablement.

Nous avons été informés que nous commencerions vendredi. À Berlin ! À Berlin !

Berlin! C'est l'objectif. C'était dans toutes les bouches ! Mais n'a-t-on pas suivi le même refrain en 1870, presque à cette époque de l'année ? Et que s'est-il passé ensuite ? Ce souvenir m'a fait frissonner. Superstition!

L'Angleterre va-t-elle nous rejoindre face à l'Allemagne ? L'Angleterre est la grande inconnue du moment. Néanmoins, elle est à peine mentionnée ici.

À Berlin ! À Berlin !

Le cri résonne de toutes parts.

Même si j'avais commencé à me convaincre de la réalité des événements, l'excitation du départ et l'irritation causée par le fait de ne rien savoir de précis m'avaient mis les nerfs à rude épreuve et m'empêchaient de prendre pleinement conscience de l'horreur qui approchait.

Nous avions attelé nos chevaux et formé les équipes de tir.

Une arme dans un 75 mm. La batterie est composée du canon lui-même et du chariot à munitions, chacun avec son avant-train, et chacun tiré par six chevaux attelés par paires. Le détachement se compose de six chauffeurs, six artilleurs, un caporal et un sergent, qui est le commandant du canon. Mais mon canon, le premier de la 2e batterie, est également accompagné du commandant de section, du chef de batterie, d'un trompettiste et de l'ordonnance du capitaine avec ses deux chevaux. En tout, dix-huit hommes et dix-neuf chevaux. Sur les dix-huit hommes, dix-sept purgent leur peine. Depuis près d'un an, ils mènent la même vie ; chaque jour, ils ont exécuté ensemble les mêmes manœuvres. Un détachement est donc une entité réelle et forme à lui seul une petite société, avec ses habitudes, ses goûts et ses aversions.

Bréjard, le commandant de section, le commande réellement lui-même, comme il le faisait avant la mobilisation générale. Rien ne semble donc changé. Hubert, le nouveau commandant d'artillerie, réserviste, a ses pensées tournées vers sa jeune épouse, qu'il a dû, après seulement quelques mois de vie conjugale, laisser dans sa ferme, où le maïs est encore debout.

Bréjard, qui doit avoir vingt-quatre ans environ, est grand et épuré, avec des yeux gris insondables, un menton obstiné et des traits assez forts. Il s'engage très jeune et, à force d'un travail acharné et méthodique, passe à Fontainebleau en haut de la liste.

Le caporal Jean Déprez offre un contraste avec Bréjard. Rêveur et imaginatif, ennuyé par la vie régimentaire et loin d'être réconcilié avec la perspective de plusieurs mois de guerre, Déprez, en ce qui concerne le Service, est un faible pour qui tout exercice de son autorité, aussi minime soit-elle, va à l'encontre le grain. Il a des éclairs d'esprit momentanés et, bien qu'en règle générale très peu enthousiaste et plutôt maussade, il est néanmoins parfois un causeur amusant et un ami fidèle. Le manque de travail à la caserne nous a en quelque sorte rapprochés, et tous deux étaient heureux de nous retrouver côte à côte au moment d'entrer sur le terrain.

Avec le caporal Déprez d'un côté, et le tireur Hutin de l'autre, je n'éprouvais pas le moindre sentiment de solitude dans l'immense excitation de la mobilisation et l'attente horaire du déferlement de l'orage.

Hutin est un petit bonhomme avec une épaisse chevelure noire et une moustache. Ses traits réguliers sont éclairés par une paire de jolis yeux marron foncé à l'expression plutôt espiègle. Énergique, colérique, assez ambitieux, intolérant, prompt à se décider et extrêmement intelligent, capable d'une réelle amitié et même de dévouement, j'ai adoré son caractère spontané et varié.

Avenue de Pontlieue, les chevaux réquisitionnés faisaient la queue. Il y en avait des centaines, des animaux lourds, ventrus, dociles, avec une crinière splendide et des boulets hirsutes. Ils étaient tenus par des hommes en blouse, immobiles sur le trottoir, irrités par le retard et impatients de dîner. A proximité, le long du mur de la caserne d'artillerie, était rassemblé un mélange hétéroclite de charrettes et de camions, également réquisitionnés.

Une foule hétéroclite se pressait dans l'avenue : des femmes en robes d'été claires et des soldats en uniforme et vêtements de toile présentant une apparence incongrue. Les réservistes arrivaient en groupes. Presque tous semblaient calmes et tranquilles, et certains avaient même un air joyeux. Un ou deux étaient visiblement ivres, et d'autres avaient l'air de l'être. Je n'en ai vu qu'un qui pleurait. Il était assis sur un tas de paille, occupé à fixer une lanière jaune toute neuve à son étui de revolver, et des larmes coulaient sur ses doigts maladroits tandis qu'il tâtonnait avec le cuir raide. Je posai une main sur son épaule, sur quoi il se retourna à demi et dit d'un mouvement de tête :

"Oh mon Dieu ! Ma femme est morte en couches la semaine dernière... Voilà la petite fille, âgée de seulement huit jours, laissée toute seule, sans personne pour s'occuper d'elle !"

"Qu'est-ce que tu as fait d'elle?"

"Eh bien, la seule chose que je pouvais... l'emmener au foyer pour nourrissons."

C'est lorsque le courrier arrive que les hommes ont l'air le plus tristes.

Nous sommes cantonnés dans des quartiers, mais les sous-officiers sont autorisés à conduire les hommes, deux ou trois à la fois, à l' *abreuvoir*, comme on appelle le café d'en face.

mardi 4 août

Hier soir, à neuf heures, lors d'un appel purement théorique, le lieutenant a ouvert la porte de notre antre.

"Tout le monde va bien là-dedans ?"

"Oui, monsieur, merci ! Chaud comme des tartes !"

"Tu ne veux rien ?"

"Oui, monsieur, nous aimerions commencer !"

"Oh ! pour commencer, tu veux ?"

Ce matin, Pelletier, le trompettiste, un Parisien qui semble pouvoir toucher à presque tout, a commencé à aiguiser nos épées. Debout devant un banc, en manches de chemise, il travaillait une énorme lime avec un horrible bruit de cris qui faisait froid dans le dos et faisait grincer des dents. De temps en temps, il s'arrêtait dans son travail et, à coups de coups et de coups furieux, il essayait les pointes et les bords en découpant de vieilles caisses de sapin qui traînaient dans un coin.

Du fond de nos quartiers, où nous vivons dans une atmosphère nourrie des rumeurs les plus ridicules, attendant l'ordre d'embarquer, le tumulte de la mobilisation générale dans les rues et sur la ligne ferroviaire voisine Paris-Brest sonne comme un tonnerre sans cesse résonnant dans une atmosphère chargée d'électricité.

Un de mes compatriotes, Gaget, qui est commis à l'état-major de l'artillerie, m'a dit que la guerre n'était pas encore déclarée. Il est en mesure de savoir. Sa mère lui a écrit de Mayenne pour lui dire que ma famille me croyait déjà à Verdun. Je me demande si mes lettres ne sont pas livrées....

Cet après-midi, Déprez est allé à la laverie chercher son linge. Dans le magasin, une jeune femme, épouse d'un caporal d'artillerie qui a pris les couleurs ce matin, lui sauta au cou et se mit à pleurer.

Il est revenu très bouleversé.

Certains hommes sont allés avec leurs chevaux rapporter de la gare notre matériel de guerre. Le parc est aménagé sur le large trottoir de l'avenue de Pontlieue, où les platanes abritent nos 75 mm. des fusils et des wagons de munitions. Les femmes s'arrêtent pour les regarder et certaines secouent la tête avec découragement.

Il paraît que nous devons prendre le train demain soir. Ici, nous commençons à nous ennuyer complètement et nous ne savons pas comment occuper notre temps. Je vais dormir un peu dans notre tanière, au fond du potager, où il fait frais et ombragé. Le soleil, à travers la porte ouverte, n'éclaire qu'un grand rectangle de paille, couvert de musettes et d'armes rutilantes. Le temps a été magnifique aujourd'hui, beau et clair, et, maintenant que le crépuscule est proche, l'air commence à bourdonner de ces moucherons qui tournent en rond et sont censés annoncer le beau temps.

J'ai pu sortir un instant. Quelques femmes, les yeux gonflés de pleurs, nous regardaient avec pitié et nous parlaient, à nous les premiers jeunes gens partis, d'une voix pleine de sympathie :

"Quand tu commences?"

"Demain, peut-être après-demain."

"Où vas-tu?"

"Nous n'en sommes pas sûrs, ni à Verdun ni à Maubeuge."

"Eh bien, bonne chance !"

"Merci beaucoup... Au revoir !"

Bonne chance !... Je l'espère !... C'est une sorte d'adieu durable qu'ils nous font, du plus profond de leur cœur, avant de partir vers le Grand Inconnu.

mercredi 5 août

La guerre est déclarée depuis le 3 et les combats se poursuivent tout le long de la frontière.

De graves pertes ont déjà été signalées. Onze mille Français et dix-huit mille Allemands seraient tombés lors des premiers combats. Je ne sais pas si ces chiffres signifient des morts ou des blessés.

La nouvelle, vraie ou fausse, nous a refroidi le moral pendant quelques instants. Mais notre extraordinaire indifférence a vite pris le dessus. D'ailleurs, y a-t-il jamais eu occasion de vengeance plus favorable, pour la *Revanche* , que celle-ci.

jeudi 6 août

Les Allemands sont entrés en Belgique, malgré la convention de neutralité. Je ne pense pas que cela surprendra qui que ce soit. Mais ce qui nous étonne, et ce qui doit aussi étonner l'ennemi, c'est la résistance farouche que les Belges opposent.

Les Allemands viennent d'échouer dans une attaque massive sur Liège. Si seule l'armée belge a réussi à les vaincre, quels espoirs n'osons-nous pas nourrir ?

L'Angleterre nous rejoint. C'est désormais certain. Avec les Français, les Anglais, les Russes, les Belges et les Serbes alliés, nous devrions bientôt voir disparaître cette puissance militaire que l'on croit si redoutable. La nouvelle, officielle cette fois, nous rendait d'autant plus impatients de quitter Le Mans et le quartier fatigant dans lequel nous vivons.

Sur la ligne Paris-Brest, des trains chargés d'infanterie, de cavalerie et de matériel passent sans cesse. En grinçant et en hurlant, ils roulent péniblement sur le pont qui enjambe l'avenue de Pontlieue et qui est héroïquement gardé par des Territorials obèses, vêtus de costumes de toile sale et armés de fusils Gras à baïonnette au canon. Une foule de femmes avec des enfants dans les bras ou accrochés à leurs jupes attendent là sous le soleil de midi. Ils restent debout des heures entières à regarder le cortège de camions militaires décorés de verdure et illustrés de dessins à la craie grossiers. Des groupes de soldats sont visibles sur les marchepieds et dans les fourgons des freins et des gardes. Dans l'avenue, des nuages de poussière sont soulevés par des chevaux réquisitionnés qui, attelés à des fourrages, y sont essayés, et qui, sous le joug inhabituel, deviennent réfractaires, se déchaînent, et finissent par s'emmêler dans les traces. Les femmes se séparent précipitamment, entraînant leurs enfants avec elles, pour éviter un cheval cabré ou la roue d'un chariot qui arrive en sens inverse. Mais néanmoins, obstinés, excités et comme enivrés par le bruit, la lumière et le mouvement continuel, ils restent là malgré tout l'inconfort. Chaque fois qu'un train passe, une bordée de cris aigus s'élève de leurs groupes qui se rassemblent, se séparent, se dispersent et se retrouvent enveloppés par les dangers de l'avenue.

Devant la cidrerie Toublanc, des fleurs et des rubans en grappes, des gerbes et des cascades tapissent le pavé et étouffent les affûts de canons, les wagons à munitions et les avant-trains. Les femmes et les filles arrivent avec des brassées d'hortensias, d'iris et de roses. Leurs visages illuminés par le soleil et par l'excitation du moment, apparaissent et disparaissent parmi les fleurs. Comme les sentinelles ne peuvent laisser personne s'approcher de trop près, elles lancent leurs bouquets de loin. Les artilleurs, qui ont presque fini de charger leurs camions, les remercient en leur envoyant des baisers qui les mettent en fuite.

J'ai vu une jeune fille attacher un énorme bouquet tricolore à la baïonnette d'une des sentinelles, évidemment son amant. L'acier brillait au milieu des fleurs.

Les femmes barrent timidement le passage aux cavaliers pour décorer de guirlandes leurs brides et leurs sacoches. Et au-dessus de nous, le splendide soleil d'août tape, éclairant d'une lumière dorée la poussière de la chaussée et le vert des arbres, illuminant les visages des femmes et des fleurs.

Vendredi 7 août

Depuis quelque temps, j'observe le premier geste d'un militaire qui vient de recevoir une lettre. Il le déchire précipitamment, et, sans le sortir de l'enveloppe, il le doigte rapidement pour voir s'il contient un mandat postal...

J'étais ce soir dehors avec Déprez, lorsqu'une femme poudrée et fardée, les joues potelées, la poitrine et le ventre formant une masse indivise de graisse tremblante, nous a abordés :

« Quarante-quatrième ?

"Oui."

"Connaissez-vous le caporal X ? Offrez-lui les meilleurs vœux d'Alice. Il le saura... Alice est mon nom... Vous n'oublierez pas ?... Pauvre vieux Joe !..."

Puis, alors que nous nous préparions à reprendre notre route :

"Tu ne veux pas entrer ?" dit-elle avec le regard habituel d'invitation.

"Non, merci", répondit poliment Déprez, "nous n'avons pas le temps."

Après que nous fussions allés un peu plus loin, il ajouta :

"C'est un message que je suis abattu si je le transmets !"

Nous avons enfin reçu l'ordre de nous entraîner. Notre premier aperçu de la guerre a été une sorte d'exposition florale. Une foule de femmes et d'hommes aux cheveux gris nous attendaient sous les arbres, de l'autre côté de l'avenue. Des enfants, leurs petits bras pleins de fleurs, couraient vers nous ; leurs mères agitaient la main et souriaient. Mais comme les sourires de ces femmes étaient tristes ! Leurs yeux gonflés racontaient une histoire de larmes, et les rides qui se dessinaient autour de leurs lèvres, malgré leurs sourires, indiquaient qu'une nouvelle dépression n'était pas loin. Les enfants les plus jeunes – et les plus petits traversaient la rue en trottinant – trouvaient manifestement les débats de la journée plus agréables qu'un cirque. Ils rirent et applaudirent avec joie.

Nous avons passé la fin de la matinée à préparer les ailes et les chariots et à remettre les harnais. Douze heures sonnèrent. A mesure que l'heure du départ approchait, le tumulte dans l'avenue se calmait et la foule qui attendait à l'ombre se calmait peu à peu.

Il y eut un silence presque complet lorsque le Capitaine donna l'ordre, d'une voix claire et résonante :

"Avant!"

Comme un écho, un hourra bruyant s'éleva de la foule, à travers lequel j'entendis néanmoins distinctement deux sanglots déchirants.

Jamais il n'y a eu de journée d'août plus lumineuse. Les caissons d'amortisseurs et les roues des fusils, les sangles et les crochets du harnais, et même les canons des fusils eux-mêmes, étaient festonnés de fleurs et de rubans dont les teintes vives se mélangeaient dans une harmonie de couleurs sur le gris fer. fond des armes à feu.

Ce matin le Capitaine Bernard de Brisoult nous disait :

"Prenez les fleurs qu'on vous offre et décorez-en vos fusils. C'est le seul cadeau que les femmes puissent vous faire. Et quoi que vous fassiez, restez calme ! Alors elles seront bien plus courageuses quand vous partirez."

Les rues, dans lesquelles nous avancions au pas, étaient ornées de drapeaux et de banderoles. Le départ des soldats, dont beaucoup ne reviendraient jamais, s'accompagna d'un calme et d'un bon ordre vraiment admirables. Les artilleurs, assis immobiles sur les caissons d'amortisseurs ou marchant à côté des chevaux, souriaient et riaient joyeusement tandis que les femmes du bord de la route leur faisaient leurs adieux. Nous nous sommes sentis émus, bien sûr, mais c'est plutôt l'émotion de la foule dans la rue qui nous a touchés que n'importe quel sentiment né en nous.

L'entraînement s'est effectué facilement et rapidement. Comme il faisait très chaud, les artilleurs qui hissaient le matériel sur les camions avaient jeté leurs gilets, et, le visage rouge, les épaules contre les roues, ils unissaient leurs efforts chaque fois que les commandants de canon prononçaient le mot « Ensemble ! qui se répercutait sur toute la longueur du train. Les pilotes ont eu beaucoup de mal à faire rentrer leurs équipes dans les stands. Les vieux chevaux de batterie étaient habitués à la manœuvre, mais les animaux réquisitionnés résistaient obstinément. On les entoura de sangles, deux à deux, et on les hissa de force sur les passerelles. Une fois dans les fourgons, ils devaient être retournés et reculés de manière à ce que quatre puissent se tenir de chaque côté. Cette opération s'est accompagnée d'un vacarme assourdissant de sabots ferrés sur les parquets et les cloisons. Les chevaux une fois installés en toute sécurité et fixés face à face à leur place par des piquets, les piquets d'écurie commencèrent à disposer le harnais et le fourrage dans l'espace compris entre les deux lignes.

Au moment où le train démarrait, je fus pris d'une sorte de vertige. Quelque chose dans ma poitrine sembla se briser et je me sentis presque étouffé par un soudain sentiment de faiblesse et de peur. Dois-je un jour revenir ? Oui! J'en étais sûr ! Et pourtant, je me demande pourquoi j'en étais si sûre !

CONNERRÉ-BEILLÉ. Je suis assis sur une botte de foin entre mes huit chevaux. A chaque instant, malgré mon fouet, ils mordent le fourrage et manquent de m'arracher mon siège. La porte du van est grande ouverte sur la campagne ensoleillée.

dimanche 9 août

Le train a roulé pendant quinze à dix-huit heures. Il est préférable de faire un long voyage comme celui-ci en tant que gardien d'écurie. Je me suis installé confortablement sur du foin secoué et, en calant ma tête sur une selle bien rembourrée, j'ai fini par m'endormir.

Les chevaux, presque tous étranglés, bavaient et éternuaient sur moi et ont fini par me réveiller. Il faisait déjà jour. Une épaisse brume d'été flottait au-dessus des champs à hauteur d'homme du sol. Le soleil, le perçant par endroits, illuminait des myriades de brins d'herbe chatoyants, ruisselant de rosée.

Assis devant les portes ouvertes des fourgons, les jambes pendantes, les artilleurs regardaient le pays défiler. Les trains vides qui nous passaient en sens inverse effrayaient les chevaux qui hennissaient et hennissaient. Personne, pas même nos officiers, ne savait où nous allions, et le mécanicien lui-même disait qu'il ne le savait pas, mais qu'il devait recevoir des ordres en route.

Les Territorials qui gardaient la ligne nous ont accueillis à notre passage en tendant leurs fusils à bout de bras. Nous avons agité nos fouets en réponse.

"Bonjour, mon vieux !"

"Bonne chance à vous, les garçons !"

REIMS. D'abord le canal, puis un aperçu de la ville, puis à nouveau la campagne, avec des champs de maïs mûr jaune au soleil du matin. On ne voyait que quelques gerbes. Les récoltes étaient presque partout, immobiles dans la chaleur, projetant des lumières dorées sur les douces collines et la beauté tranquille de la campagne. J'avais l'impression de ne pas en voir assez. Dans quelques jours peut-être, je ne pourrai plus voir la splendeur du maïs embrassé par le soleil et le magnifique manteau qu'il jette sur les pentes symétriques des terres de récolte, comme une draperie de vieille dentelle enveloppant légèrement une gracieuse forme grecque. .

Le train roulait lentement vers Verdun. Dans chaque village, depuis les jardins qui bordent la voie ferrée, des filles et des enfants nous jetaient des baisers. Ils jetaient aussi des fleurs et, chaque fois que le train s'arrêtait, ils nous apportaient à boire.

Il faisait déjà nuit quand, après avoir dépassé les interminables voies d'évitement et quais de Verdun, avec ses immenses boulangeries installées sous des auvents verts, le train s'arrêta enfin à Charny. Nous voyagions depuis plus de trente heures. Avant que nous ayons fini de descendre de l'entraînement, il faisait assez sombre.

II.
MARCHES D'APPROCHE

NOUS traversions la Meuse. Le soleil s'était couché et le fleuve, serpentant entre ses rives de roseaux et ses îles marécageuses dans la rémanence du ciel cramoisi de l'ouest, semblait couler de sang. Demain, ou peut-être après-demain, cette apparence sera peut-être devenue réalité. Je ne sais pas pourquoi ces reflets rouge sang dans l'eau m'ont autant affecté que ce dernier moment de la soirée, mais il en fut ainsi.

La nuit tombait, une nuit claire où je cherchais avec inquiétude des projecteurs parmi les étoiles. Au bord de la route, dans l'un des parcs à bétail de l'armée, d'innombrables troupeaux dormaient. Le pays aurait été absolument calme et silencieux sans le grondement sourd de notre colonne tandis que nous marchions. Les derniers reflets de la lumière du jour et les premiers rayons de la lune, qui venait de se lever à l'est, se soudent dans une lumière étrange et diffuse.

Nous marchions vers l'est, et, tandis que la route longeait la masse sombre d'une colline escarpée, la lune se levait clairement au-dessus des pins sombres, qui se dessinaient comme des silhouettes à l'horizon. Bientôt la batterie entra dans un bois sombre, où les conducteurs eurent du mal à trouver leur chemin. Personne ne parlait. Parfois, la lune apparaissait à travers les arbres et faisait apparaître un cavalier. Il semblait presque que la lumière jaune projetait une poudre dorée palpable ; les cuivres de l'équipement et les chopes en fer-blanc des hommes brillaient comme s'ils étaient dorés. Un homme passa, puis un autre, et les ombres, nettes sur la route, semblaient faire partie des silhouettes des cavaliers et les magnifier. Du reste de la colonne, perdu dans la nuit de la forêt, on ne voyait rien.

On nous avait dit que l'ennemi n'était pas loin, quelque part dans la plaine qui s'étendait au-delà des collines. A chaque carrefour, nous avions peur de prendre un mauvais chemin et de nous retrouver dans les lignes allemandes. D'ailleurs, cette première marche de campagne, de nuit, avait quelque chose d'inquiétant qui nous faisait un peu peur malgré nous.

La colonne s'est arrêtée juste à la sortie d'un village. Les troupes campaient des deux côtés de la route, et plus bas, dans l'un des champs, un sombre parc d'artillerie avait été formé. Malgré l'heure – presque minuit – la chaleur était accablante et les étoiles étaient légèrement voilées par une fine brume. Les feux du bivouac projetaient des ombres vacillantes de soldats plus ou moins déshabillés, certains d'entre eux nus jusqu'à la taille.

Un peu plus loin, dans un pré où la 10e batterie campait déjà pour la nuit, hommes et chevaux couchés dans l'herbe humide, nous garâmes nos canons.

Nous dussions nous allonger à même le sol, et entre les conducteurs et les artilleurs, une compétition d'adresse s'engagea aussitôt pour savoir qui aurait les étoffes. La plupart des hommes s'étendaient sous les wagons à munitions et les canons, là où l'humidité de la nuit pénétrait moins. Mais j'étais toujours à l'écurie et je devais surveiller les chevaux, attachés côte à côte à un piquet tendu entre deux piquets. Non seulement les animaux se donnaient des coups de pied et se mordaient les uns les autres, mais leurs colliers ne cessaient de se détacher, et un ou deux, réussissant à les rejeter, s'en allaient dans les champs. J'ai passé la nuit dans des courses-poursuites sauvages. Une petite jument noire en particulier m'a fait danser pendant plusieurs heures, et je ne l'ai finalement attrapée qu'en bruissant de l'avoine au fond d'un sac à nez.

Agrippé à mon fouet et mouillé de rosée jusqu'aux genoux, j'avais sûrement rempli consciencieusement ma tâche de piquet d'écurie.

Lundi 10 août

A 3 heures du matin, l'ombre grise d'un dirigeable passait au-dessus des étoiles. Ami ou ennemi ?

Au point du jour, le parc commença à s'agiter. Des hommes drapés dans leurs couvertures surgirent d'entre les roues et de dessous les avant-bras et s'étirèrent en bâillant. Nous nous mimes à creuser des foyers et à aller chercher du bois et de l'eau, et bientôt le café fumait dans les bouilloires du camp.

Sur la route de Verdun, des régiments d'infanterie — au feu sans doute — défilaient déjà, la longue colonne rouge et bleue ondulant comme le dos d'une énorme chenille. Les bataillons furent cachés, un instant, par les chaumières et les arbres du village. Mais plus loin, sur les pentes maïsées des collines, on distinguait à peine, malgré la distance, des mouvements de troupes marchant sur le mince ruban blanc d'une route.

Nous avons attendu l'ordre d'exploiter.

La prairie dans laquelle nous avions campé pour la nuit descendait, d'un côté, vers un terrain marécageux arrosé par un ruisseau sortant d'un moulin et courant dans les herbes épaisses, et était limitée de l'autre par un rempart de gerbes de blé. A l'est, une haute colline au contour symétrique, couverte d'orge jaune et de blé fauve, donnait l'impression d'une montagne dorée brillant au soleil.

Derrière les chevaux attachés en lignes parallèles, le harnais faisait des taches noires dans l'herbe. Certains d'entre nous y avaient dormi sous nos tapis. Les selles, appuyées sur leurs pommeaux, servaient d'oreillers aux hommes qui, à moitié déshabillés, le torse nu, dormaient profondément. J'aurais volontiers dormi aussi, car j'étais fatigué de courir toute la nuit, mais je ne pouvais m'empêcher de penser à ma mère et à l'inquiétude que la nouvelle des hécatombes d'Alsace avait dû lui causer. Elle n'avait aucune idée de l'endroit où je me trouvais et penserait certainement que je devrais être au cœur d'un combat en cours.

Sur la route, des colonnes d'artillerie succèdent aux régiments de ligne. Il était neuf heures, mais jusqu'à présent aucun bruit de bataille ne nous était encore parvenu. Un chauffeur, secouant son tapis, m'a réveillé et j'ai démarré. A mon tour, je réveillai Déprez, qui dormait près de moi. Était-ce les armes à feu ? Non pas encore.

La nouvelle officielle arriva que l'armée alsacienne, dont le quartier général était à Mulhouse, avait été vaincue par les Français lors d'une grande bataille à Altkirch. Le début de la Vengeance !... Mais on parlait de cinquante mille morts...

Envoûtés par une sorte de fascination magnétique, Déprez et moi fixions nos regards sur la haute ligne de collines à l'est qui se dressait entre nous et le Destin. Là-bas, il y en avait d'autres comme nous, des masses d'hommes dans les plaines et dans les bois, des hommes qui nous tueraient si nous ne les tuions pas.

Accablé par la chaleur, je laissai ma pensée s'attarder sur ces réflexions et d'autres semblables, et m'efforçai en vain de bannir de mon esprit l'horrible image des cinquante mille hommes étendus morts dans les champs d'Alsace. Finalement, je me suis endormi.

Ils viennent de tuer, d'un coup de revolver derrière l'oreille, un cheval qui s'était cassé la jambe. La carcasse va être découpée et les meilleures portions seront réparties entre les détachements de batterie. Il semble peu probable que l'on entre en action aujourd'hui.

Les marmites avaient été allumées sur le feu. Sur le flanc de la colline, là où le blé était en gerbes, les hommes construisaient des paillotes pour passer la nuit.

À mesure que le soleil se couchait, des vapeurs humides commencèrent à s'élever du ruisseau et du sol marécageux qui l'entoure. Côte à côte sur notre lit de paille, Déprez et moi, bottés et éperonnés, nos étuis de revolver nous meurtrissant les hanches, nous nous endormions la face tournée vers les étoiles qui semblaient briller plus fort que d'habitude dans le ciel de l'Est.

mardi 11 août

Peu après l'aube, nous étions prêts à partir. Une partie du 130e d'infanterie était arrivée au village voisin, appelé Ville-devant-Chaumont, pour y prendre ses quartiers. En attendant l'ordre d'avancer, j'entrai en conversation avec un petit sergent roux au visage rusé :

" Ah, dit-il, vous êtes donc de Mayenne... Eh bien, je ne sais pas si beaucoup du 130e y reviendront un jour... Il y a eu une bagarre hier... Un massacre tout simplement affreux!... Mon bataillon n'a pas été touché, mais les deux autres!... Il y a des compagnies qui ne comptent pas plus de dix hommes, et n'ont plus un seul officier.... C'est leur machine- des canons si effrayants... Mais à quoi diable s'attendre ? Deux bataillons contre toute une division !

"Mais pourquoi le troisième bataillon ne s'est-il pas joint à nous ?"

"Bienheureux si je sais... On ne sait jamais la raison de ces choses."

Et il ajouta :

"Certains de nos gars étaient magnifiques... Le lieutenant X, par exemple... Il se leva d'un bond, dégaina son épée, et ouvrant sa tunique il cria à ses hommes : "Allez, les gars !..." Et il a été tué sur le coup... Le drapeau ?... Il a été pris par l'ennemi, repris par un de nos capitaines, puis de nouveau capturé. Finalement, un type avec un insigne de bonne conduite s'en est emparé et l'a saisi. réussit à le cacher sous un pont avant de mourir. Une des sections du 115e l'y trouva... Et puis l'artillerie arriva enfin... Trois batteries du 31e firent bientôt partir les blighters. .... Ils ont abandonné deux batteries, en plus !"

Les ordres sont venus se dételer. Quelle chaleur ! Des vapeurs transparentes s'élevaient du sol et faisaient frémir l'horizon. De temps en temps, nous entendions le bruit sourd des canons, mais le plus souvent nous prenions le bruit des charrettes sur la route pour des tirs. Les nuages blancs et pelucheux qui se formaient au-dessus des crêtes des collines donnaient l'impression d'obus qui éclataient. Pendant un instant, leur apparence fut des plus trompeuses.

J'ai vu un des hommes du 130e revenir du champ de tir dans un état misérable, sans casquette, sans sac ni armes. C'était merveilleux qu'il ait réussi à se traîner jusqu'ici. Avec des yeux fixes et effrayés, il regardait nerveusement d'un côté à l'autre. Les artilleurs l'entouraient alors qu'il se tenait là, les épaules courbées et la tête baissée, mais il ne répondait à leurs questions que par des gestes expressifs.

« Fait pour ! » murmura-t-il. "Fait pour!"

Nous n'entendions rien d'autre. Ses lèvres ne cessaient de bouger :

"C'est fini !... C'est fini !"

Il s'est effondré au milieu de nous et s'est immédiatement endormi, la bouche grande ouverte et les traits contractés comme par la douleur. Deux artilleurs l'emportèrent dans une grange voisine.

J'ai appris aujourd'hui qu'un curé de Ville-devant-Chaumont avait été arrêté pour espionnage et envoyé à Verdun.

Nous profitâmes de nos loisirs pour laver notre linge et nous baigner dans la rivière. Puis, étendus nus sur l'herbe, nous attendîmes que le soleil ait séché nos chemises, nos chaussettes et nos sous-vêtements, étalés autour de nous.

mercredi 12 août

Les Français sont friands de légendes héroïques. J'ai maintenant découvert la vérité sur l'affaire dans laquelle deux bataillons auraient été morcelés, et il n'y a aucune ressemblance avec le fil très coloré du petit sergent à face de renard.

Le 10 août, les officiers du 130e ne se doutaient pas du tout que l'ennemi était si proche. Quelques hommes furent surpris alors qu'ils descendaient vers la rivière, désarmés et à moitié déshabillés. Aussitôt après, le combat commença, et le 130e se défendit vaillamment contre un nombre supérieur, d'abord sans aucun appui de l'artillerie qui, n'ayant reçu aucun ordre, resta dans ses quartiers. Enfin trois batteries du 31e arrivèrent et réussirent à repousser l'attaque allemande. Nous étions les vainqueurs.

Quant au lieutenant X, qui, selon le sergent, aurait été tué alors qu'il se tenait torse nu encourageant ses hommes à attaquer, il semblerait qu'en réalité il soit tombé dans la rivière appelée Loison. Le froid de l'eau, ainsi que l'excitation du premier contact avec l'ennemi, ont créé une congestion, mais on rapporte maintenant qu'il est de nouveau en parfaite forme. C'est une chance, car c'est un officier précieux.

Plusieurs de ses hommes, chargeant trop tôt, tombèrent aussi dans la rivière qui coule à travers champs entre des berges très basses. Ils restèrent là comme retranchés, l'eau jusqu'à la taille, et combattirent de leur mieux. Le drapeau du 130e n'a même jamais été sorti de son étui en peau cirée.

Toute la journée se passait à dormir, à cuisiner et à se baigner dans la rivière. Certains chauffeurs et leurs équipes furent chargés de transporter les blessés du 130e à Verdun.

Quand la nuit est tombée, nous nous sommes allongés sur l'herbe sous le ciel clair et avons chanté en chœur jusqu'à nous endormir progressivement.

Si seulement ceux que nous avons laissés derrière nous et attendant anxieusement des nouvelles avaient pu nous entendre !

jeudi 13 août

Aujourd'hui, certains du 130e ont rapporté un habit militaire allemand gris, une paire de bottes, un casque de uhlan et une sorte de casquette ronde de fantassin, ressemblant à un petit fromage. Ces dépouilles étaient accrochées dans une grange et attiraient une foule de tireurs. Ils appartiennent à un sergent-major qui les exhibait fièrement aux spectateurs, attirant particulièrement l'attention sur une petite déchirure au dos de l'habit.

« C'est là qu'est entrée la balle qui a touché le vieux Steinberg », dit-il. "Son nom est marqué à l'intérieur... Vous voyez ?"

Et il se redressa, rayonnant.

Vendredi 14 août

Nous étions repartis à l'aube et attendions maintenant les ordres. Le capitaine avait envoyé la batterie en avant dans l'allée menant à la route principale de Verdun. Les chevaux barbotaient dans l'eau qui s'écoulait d'un abreuvoir voisin et nous arrosaient abondamment de boue. Après avoir attendu que le soleil soit au rendez-vous, nous nous sommes déchaînés et avons donné de l'avoine aux équipes.

Les régiments de réserve du corps d'armée commencèrent à défiler par les 301e, 303e et 330e. Les hommes étaient blancs de poussière jusqu'aux genoux. Des barbes rases de huit jours assombrissaient leurs visages et leur donnaient un air hagard. Leurs manteaux, ouverts sur le devant et repliés sous les bretelles, laissaient entrevoir des torses velus, les veines du cou ressortant comme des fouets sous le poids de leurs sacs. Ces réservistes avaient l'air sérieux, résolus et plutôt taciturnes.

Ils passaient avec un bruit de torrent se précipitant sur des cailloux, la vue de nos canons leur faisant sourire de plaisir. Les premiers bataillons gravirent la colline. Il y avait tellement d'hommes qu'on ne voyait rien de la route, ni même des culottes rouges. Le ruban humain en mouvement scintillait des reflets projetés par les bouilloires, les pelles et les pioches.

Nous avions rempli nos outres d'eau et certains soldats, en passant, en remplissaient leurs bidons. Puis ils repartirent à grands pas, les lèvres collées aux bords, retenant le balancement de leur pas pour ne pas perdre une goutte du précieux liquide.

Finalement, la batterie repartit. Mais ce n'était que pour camper à Azannes, à environ un mille au sud-est de Ville-devant-Chaumont, où nous n'étions guère plus près de l'ennemi. Sur la route, un nuage de poussière continuel était soulevé par des canons et des chariots, des moteurs remplis d'officiers supérieurs et des escadrons de cavalerie escortant des états-majors à onglets rouges. Les chevaux y étaient étouffés, et nos uniformes sombres devinrent bientôt gris, tandis que nos sourcils et notre menton non tondus semblaient poudrés. Des omnibus parisiens transformés en wagons d'intendance ont mis la touche finale à leur passage pénible et nous ont laissés blancs comme la route elle-même.

"Se dégourdir!"

"Quoi?"

"Allongez-vous, vite, venez !"

L'ordre fut répété par les sous-officiers, et le capitaine, qui nous croisa en éperonnant son cheval, dit simplement :

"Nous passons à l'action."

Puis, suivi des chefs de canon, des trompettes et des chefs de batterie, il partit au galop.

Nous passâmes par Azannes, où nous devions camper. C'est un village d'aspect misérable, plein de tas de fumier et composé de chaumières basses, qui témoignent du fait qu'ici personne n'a jugé utile d'entreprendre des travaux de construction ou de réparation d'aucune sorte. Ce n'est pas que le pays environnant soit stérile, mais la menace perpétuelle de guerre et d'invasion a tué toute initiative dans l'œuf. Plus on est pauvre, moins on a à perdre.

Après Azannes, la colonne tomba dans le silence. La route longeait le cimetière, dans les murs duquel l'infanterie, à quelques pas de distance, avait creusé des meurtrières par où l'on apercevait des tombes, des chapelles et des croix. Au pied des murs gisaient des amas de gravats et de mortier. Plus loin, à la lisière d'un bois, le champ avait été sillonné par une tranchée étroite, couverte de branches coupées, portant des feuilles flétries, et se détachant sur l'herbe verte et fraîche comme une entaille jaune.

Devant la tranchée, des barbelés étaient tendus. L'ennemi n'était donc probablement pas loin.

Au milieu du grondement monotone des voitures, nous tâchions de reprendre nos esprits. La perspective du premier engagement apportait avec elle une appréhension et une terreur qui réclamaient à grands cris d'être reconnues dans l'esprit de chacun. On ne peut nier le fait.

La batterie roulait à travers un grand bois. La route, d'une blancheur presque aveuglante sous le soleil de midi, formait un contraste saisissant avec les allées en forme d'arc d'arbres sombres, dont les panaches verts nous dominaient à une hauteur vertigineuse.

Au bord de la route se tenait un cheval avec la tête penchée et les écoulements visqueux dus aux étranglements qui coulaient de ses narines ; il ne bougea même pas tandis que les canons et les chariots tonnaient sur leur passage. Cela semblait presque un miracle que les os des hanches de la pauvre bête n'aient pas percé sa peau. Ses flancs, se soulevant spasmodiquement, semblaient se rejoindre derrière ses côtes, comme vidées de chair et d'entrailles. C'était un spectacle pitoyable. A l'ombre d'une allée cavalière, un autre cheval abandonné broute encore.

Entre deux bosquets d'arbres s'étendait un étang bordé de roseaux et de joncs, dont la surface miroitait comme un miroir d'argent, effet accentué par les bois sombres du fond. Au loin, la magnifique ligne de hautes collines qui nous cachait l'horizon à Ville-devant-Chaumont, et que nous flanquions maintenant, formait un décor azur au tableau. D'un côté de la route se trouvait une ferme. Dans un petit enclos près des vannes de l'étang, nous avons vu une tombe fraîchement creusée à l'ombre d'un sureau. Une croix, grossièrement façonnée avec deux branches liées ensemble, était plantée dans le sol nouvellement retourné, et une feuille lignée arrachée d'un portefeuille, collée sur quelque éclat de bois, portait un nom grossièrement écrit au crayon.
.

En sortant de la forêt, nos batteries, jusqu'alors en colonne de route, se déployèrent rapidement le long d'une longue vallée, à moitié cachée par les champs d'avoine, à travers laquelle l'infanterie, dont on ne pouvait que deviner la présence, faisait des ondulations. couler comme ceux soulevés par un souffle de vent sur l'eau calme.

Où était l'ennemi ? Que valent ces positions et à partir de quel point peuvent-elles être observées ? L'infanterie qui nous précédait nous protégeait-elle ? Dans une fièvre d'excitation, nous nous formâmes en batterie dans un pré voisin. Les aviateurs se retirèrent à l'arrière et se mirent à l'abri dans les bois. Bréjard nous ordonna aussitôt de compléter la protection habituelle qu'offrent les boucliers et les wagons de munitions en entassés de grosses mottes de gazon que nous déchiquetâmes à la pioche. A perte de vue s'étendaient les avoines immobiles, comme des masses de métal en fusion sous un ciel d'un bleu ininterrompu. Comme les poseurs de canons ne parvenaient pas à trouver un arbre ou une gerbe pour servir de point de visée, nous dussâmes planter une bêche devant la batterie. Je n'aurais pas soupçonné la force de l'artillerie — plus de soixante canons — attendant l'ennemi dans ce champ, si je n'avais vu les batteries prendre position, et sans les échelles d'observation sur lesquelles, juchées comme de gros insectes noirs sur la pointe de tant de brins d'herbe, on pouvait voir les commandants de canon inspecter les terres au nord-est.

Nous étions prêts à passer à l'action et, derrière nos canons, nous attendions le mot « Feu ! » Aucun bruit de bataille n'était audible.

Un officier canonnier apporta de l'ordre au capitaine, et celui-ci, agitant son képi, fit signe d'amener les avant-trains.

"Bonjour ! Quoi de neuf maintenant ?"

"C'est parti", répondit Bréjard qui avait entendu les ordres.

"Alors les Allemands ne viennent pas ?"

"Je ne sais pas. Cet officier a dit au capitaine qu'après cela, le quatrième groupe serait rattaché à la septième division."

"Eh bien, et alors ?"

"Eh bien, le quatrième groupe doit partir."

"Où?"

"Probablement pour camper à Azannes."

Un peu déçus de n'avoir rien fait, nous repartirent vers l'ouest par la même route, baignés dans une auréole de lumière cramoisie projetée par le soleil couchant.

Le cheval étranglé était maintenant couché dans le fossé. Il respirait encore et secouait de temps en temps la tête pour se débarrasser des guêpes qui s'amassaient en grappes jaunes autour de ses yeux et de ses narines.

Nous campâmes à Azannes, et les chevaux, attachés sous les pruniers plantés par cinq, fatigués par la marche, la poussière et la chaleur, me laissèrent se reposer et rêver de mes quatre heures de devoir.

La nuit était claire, éclairée par les projecteurs de Verdun qui tendaient vers le ciel des doigts d'or. Une magnifique nuit de mi-août, scintillante de constellations et animée d'étoiles filantes qui laissaient derrière elles de longues queues phosphorescentes.

La lune se leva et perça avec difficulté le feuillage dense des pruniers. Le camp restait sombre, à l'exception de quelques taches de lumière sur l'herbe et sur le dos des chevaux pendant qu'ils dormaient. Mon compagnon de sentinelle gisait au pied d'un poirier, enveloppé dans sa capote. Devant moi, la plaine était éclairée par la lune et les prairies étaient voilées d'une brume blanche. Les deux armées, les incendies éteints, dormaient ou se surveillaient.

samedi 15 août

J'aidais Hutin à nettoyer le pistolet.

— Eh bien, Hutin, la guerre, c'est un joli spectacle, n'est-ce pas ?

"Eh bien, si cela consiste à faire des bêtises ainsi jusqu'au 22 septembre, date à laquelle ma classe sera libérée, je préfère être sur le terrain qu'à la caserne. Nous n'avons jamais été aussi bien nourris de notre vie ! Si seulement cela dure!..."

"Oui, pourvu que ça dure ! Seulement, il y a des Boches ici."

"Qui s'en soucie?"

"Et puis, on ne reçoit pas beaucoup de lettres."

— Non, c'est vrai, on n'en a pas assez, dit Hutin avec amertume en enfonçant méchamment son éponge dans le trou.

Et il ajouta :

"Et quant aux lettres que nous écrivons nous-mêmes, nous ne pouvons pas dire où nous sommes, ni ce que nous faisons, ni même fixer une date. Qu'est-ce qu'on écrit ?"

"Eh bien, je dis simplement que tout va bien et que je suis toujours en vie."

Toujours le même silence le long des lignes. Cela dure depuis des jours maintenant. Qu'est-ce que cela peut signifier ? Pour nous, pions sur le grand échiquier, cette attente est angoissante, et met nos nerfs à rude épreuve jusqu'à cette tension douloureuse qu'on ressent parfois en regardant un ciel plombé, en attendant que l'orage éclate.

J'ai vu aujourd'hui le général Boëlle, dont le moteur s'est arrêté sur la route tout près de notre camp.

C'est un homme aux traits raffinés, à l'expression joyeuse, toujours jeune malgré ses cheveux blancs et sa moustache grisonnante.

La popularité classique des trophées de guerre n'a pas diminué. Une foule considérable s'est rassemblée autour d'un cycliste qui avait ramené de Mangiennes deux sacs allemands en peau de vache et un fusil Mauser.

Il est étonnant de voir avec quelle rapidité l'instinct se développe en temps de guerre. Toute civilisation disparaît presque d'un coup et les relations entre les hommes deviennent primitivement directes. La première préoccupation est de se faire respecter. Cette nécessité n'est pas implicitement reconnue par tous, mais chacun fait comme s'il la reconnaissait. Là encore, le sentiment d'autorité se transforme. L' autorité que confère au capitaine son rang diminue, tandis que celle qu'il doit à son caractère augmente en proportion. L'autorité n'a, en fait, qu'une seule mesure : la confiance des hommes dans les capacités de leur officier. C'est pourquoi notre capitaine Bernard de Brisoult, en qui même les plus denses d'entre nous ont reconnu une intelligence et une décision exceptionnelles sous un grand charme de manières et une courtoisie invariable, exerce, grâce à cette confiance, une influence bienfaisante sur tous. Et pourtant, sa véritable personnalité, celle de notre chef, ne fait guère impression au premier abord. Le capitaine de Brisoult ne commande jamais. Il donne ses ordres sur un ton de conversation ordinaire ; mais, homme inné au tact et au raffinement, il reste toujours le capitaine, même s'il vit avec ses hommes dans l'intimité. Il est difficile de dire s'il est plus aimé que respecté, ou plus respecté qu'aimé. Et les soldats savent quelque chose sur les hommes.

Dans les relations masculines rudes entre les artilleurs entre eux, il reste néanmoins une place pour de grandes amitiés, mais elles deviennent plus rares. Les liens de simple camaraderie de caserne disparaissent ou se durcissent en traités tacites de véritable amitié. Le ressort principal en est plutôt l'égoïsme que le besoin d'affection. On est parfaitement conscient de la nécessité d'avoir à portée de main un homme sur l'aide duquel on peut toujours compter et vers qui l'on sait qu'on peut se tourner en toutes circonstances. Dans les relations ainsi solidement établies, sans paroles, un choix est impliqué ; ils ne sont pas engendrés par les seules affinités de caractère. On apprend à apprécier chez l'ami sa valeur d'aide mais aussi sa force et son courage.

dimanche 16 août

Je viens tout juste d'apprendre un épisode héroïque survenu lors de notre expédition de vendredi. On pourrait l'appeler « La charge du train de bagages ».

Pendant notre marche à travers les bois vers l'ennemi, nous fûmes suivis à quelque distance par nos chariots de ravitaillement. Lorsque nous nous sommes retournés, nous les avons dépassés et ils ont repris leur position derrière les batteries. La tête de la colonne était presque arrivée à Azannes, lorsque l'arrière était encore au milieu des bois. Soudain, une vive fusillade s'ouvrit du fond des arbres à droite et à gauche du train, et en même temps le bruit des chevaux au galop se fit entendre par derrière. Le sous-officier qui fermait la marche derrière le chariot à fourrage, qui circulait à proximité de la vache appartenant au groupe dirigé par l'un des numéros de canon, persuadé que l'infanterie ennemie attaquait la colonne par le flanc tandis qu'une brigade de La cavalerie arrivait par derrière et criait : « Courez pour sauver votre vie ! Les uhlans arrivent ! Les artilleurs sautaient sur les véhicules partout où ils le pouvaient et, tout à coup, sans aucun ordre, la colonne se mit au galop. Les hommes suivirent du mieux qu'ils purent. Mais les chevaux du fourrage, rétifs sous le fouet, se cabraient, reculaient, empannaient, donnant des coups de pied à la vache qui, à son tour, s'éloignait de l'homme qui la conduisait, d'abord à droite puis à gauche, pour finalement se détacher et partant au galop derrière les chariots dans un épais nuage de poussière.

Quelques secondes après, la cavalerie qu'on avait entendue approcher arriva. C'était le général d'artillerie qui, avec son état-major et son escorte de chasseurs, avait mis en déroute notre train de bagages. Quant à la fusillade, elle provenait de deux compagnies du 102e de ligne, qui, cachées dans les bois, avaient ouvert le feu sur un avion allemand.

Le temps se dégrade. Hier soir déjà, l'orage qui s'amassait sur notre gauche nous avait fait dresser l'oreille comme si nous entendions des coups de feu. A l'heure du petit-déjeuner, nous fûmes surpris par une forte averse et dus abandonner les bouilloires sur les feux et nous abriter sous les chariots et les arbres. Aujourd'hui, il pleut lentement mais régulièrement. Si ce temps continue, il faudra faire attention à la dysenterie !

Assis en cercle sur des couvertures autour du feu patiemment entretenu par le cuisinier, nous buvons notre café. Mes camarades m'ont demandé de leur lire quelques pages de mon carnet et m'ont souhaité bon retour afin que ces souvenirs, qui sont en grande partie les leurs aussi, soient publiés.

"Vas-tu laisser les noms ?"

"Oui, à moins que tu ne le veuilles pas."

"Non, bien sûr que non. Nous les montrerons aux personnes âgées et aux enfants plus tard, si nous revenons."

"Si je suis tué, l'un de vous s'occupera de mon carnet. Je le garde ici, vous voyez, dans la poche intérieure de ma chemise."

Hutin réfléchit un peu.

"Oui, toi seul sais qu'il est interdit de fouiller les morts. Tu ferais mieux de noter dans ton livre que tu nous as dit de le prendre."

Il avait tout à fait raison, c'est pourquoi j'ai écrit sur la première page : « Au cas où je serais tué, je prie mes camarades de garder ces pages jusqu'à ce qu'ils puissent les donner à ma famille.

"Maintenant, vous avez pris vos dispositions *à cause de mort* ", dit Le Bidois qui lisait par-dessus mon épaule. Et il ajouta :

"Cela n'augmente pas non plus le risque."

Le Bidois est un garçon maigre et dégingandé, un peu comme le roi d'Espagne, c'est pourquoi Déprez et moi l'avons surnommé Alphonse. Chaque jour, nous lui tirons dessus la vieille prise de Montmartre :

Alfonso, Alfonso,
Veux-tu te t'nir comme il fô !

Nous l'appelons aussi « le Grand espagnol ». Il ne s'énerve jamais.

"Un bijou de caporal !" comme le dit toujours Moratin, son couche.

Des éléments de la 26e Artillerie ont ramené deux wagons de munitions abandonnés par l'ennemi à Mangiennes. Peints d'une couleur sombre, ils ressemblaient aux anciens 90 mm. matériel avec lequel nous nous entraînions lors des entraînements au Mans. Ils étaient suivis de deux grandes charrettes, du type habituel des paysans meusiens, de construction longue et étroite, pleines de paquets, de boîtes de conserve, de képis marqués 130, de bouilloires de camp déjà noircies par les feux de bivouac, de ceintures à boucles de laiton, et des casquettes avec des taches sombres dessus. Au sommet se hérissait un tas de baïonnettes et de fusils, rouges de rouille et de sang. Une grande écharpe de flanelle bleue, trempée, pendait derrière l'un des chariots et traînait sur la route boueuse. C'étaient les restes de la malheureuse infanterie tuée à Mangiennes.

Ce spectacle, rendu plus déchirant par la pluie, nous a émus plus que toutes les histoires que nous avions entendues sur le combat de lundi dernier.

Tandis que je descendais boire quelques chevaux, j'aperçus, près de la porte du cimetière meurtrier d'Azannes, des soldats endormis, étendus n'importe où, épuisés et à moitié déshabillés. On aurait pu les prendre pour des morts. C'est à cela que devaient ressembler, je pense, les gens de Mangiennes. Et ces restes évoquaient également une vision des tranchées où ils étaient alignés.

Dans le silence absolu qui règne depuis huit jours tout au long de la ligne, nous avons presque oublié l'œuvre de mort pour laquelle nous sommes venus ici.

A la tombée de la nuit, après avoir avalé une soupe chaude, nous retournons à nos cantonnements qui se trouvent dans une grande grange où il est possible de bien dormir dans la paille. Les soldats de tous grades et de tous régiments pullulaient dans le village, les dolmans bleus des chasseurs et les culottes rouges de l'infanterie donnant une touche de couleur bienvenue aux uniformes sombres de l'artillerie et du génie alors qu'ils se bousculaient tous dans la rue. Certains d'entre eux, portant dans chaque main un seau d'eau, criaient et juraient aux autres de les laisser passer.

Il pleuvait toujours et des tas de fumier qui bordaient la route montaient d'épais nuages de vapeur. Les cavaliers s'étaient confectionnés des capuches avec leurs étoffes de cheval, et beaucoup de fantassins abritaient leur tête et leurs épaules sous des sacs de grosse toile brune qu'ils avaient trouvés dans les granges ou dans les chariots. Toute cette multitude boueuse était presque silencieuse et uniquement occupée à regagner ses cantonnements. Presque le seul bruit était le crissement de nombreux pieds dans la fange. Quatre sapeurs, escaladant une échelle jusqu'à un grenier d'où le foin affluait par une fenêtre sombre et grande ouverte, ressemblaient à une grappe de raisin noir suspendue dans les airs.

Lundi 17 août

Il pleuvait encore quand nous avons commencé. Des charrettes pleines de débris continuaient de passer devant nous, toutes plus lourdement chargées et toutes plus effrayantes à voir les unes que les autres.

J'ai entendu dire qu'un chasseur, que j'ai aperçu hier matin monté sur un petit cheval bai, avait été surpris par un groupe de uhlans. Ils lui lièrent les pieds et les mains, puis, d'un coup de lance dans le cou, le saignèrent comme on saigne un cochon. Un paysan qui avait assisté à la scène derrière une haie m'a raconté ce crime diabolique. Il était encore blanc d'horreur.

Hier soir, les chevaux gisaient dans la boue et le fumier. Ce matin, leurs crinières et leurs queues étaient raidies de fange, et de larges couches de fumier recouvraient leurs hanches et leurs flancs, leur donnant l'apparence de vaches mal entretenues. Quant à nous, maculés de crasse jusqu'aux genoux et avec nos bottes un amas de boue, nous avions l'air plus lourds que jamais dans nos manteaux sombres, mouillés de part en part, qui pendaient en plis droits sur nos épaules.

Nous repartîmes, cette fois pour prendre de nouveaux quartiers à Moirey. D'Azannes à Moirey, il y a à peine plus d'un mille, mais la route était bloquée par des chariots, et à chaque instant il fallait s'arrêter et se mettre de côté.

Le capitaine donna le mot :

"Démonter!"

Les hommes, torturés par la diarrhée, profitèrent de l'occasion et se dispersèrent dans les champs.

A Moirey, nous campâmes sous des pruniers plantés par cinq, où nous étions aussi mal lotis qu'à Azannes. Sous les pieds des chevaux, l'herbe se transformait aussitôt en boue.

La première chose à faire fut de recouvrir de terre les immondices laissées là par les troupes qui nous avaient précédés. La question des installations sanitaires est sérieuse. Il est vrai que des sortes de petites tranchées appelées *feuillées* sont creusées d'un côté du camp, mais beaucoup d'hommes refusent obstinément de s'en servir et préfèrent profiter de n'importe quel endroit au hasard, au risque d'être chassés à coups de fouet par les autres. d'autres de disposition plus propre. Une garde régulière doit être assurée autour des canons et des chevaux. Il est inutile que les officiers menacent de punition sévère tout homme pris sur le fait en dehors des *feuillées* . Rien ne les arrête. Le capitaine ne cesse de répéter :

"Quelle bande de cochons !"

Ce soir, le bruit des canons est tout proche. Peut-être allons-nous enfin passer à l'action.

C'était un travail difficile de trouver du bois apte à brûler. Celui-ci était humide et, lorsqu'il brûlait, il dégageait une épaisse fumée âcre que le vent soufflait sur nous. Il fallait aller chercher l'eau pour la soupe à plus de 300 mètres, puis surveiller constamment pour empêcher les chevaux d'y accéder. Le pain qui venait d'être distribué était moisi et nous avons dû le griller pour lui enlever le goût de moisi.

Quand vient l'heure d'abreuver les attelages, l'unique rue du village est envahie de chevaux conduits ou montés à cru. Six batteries sont campées autour de Moirey, et il n'y a qu'un seul étang dans lequel s'écoule d'une fontaine un mince filet d'eau claire, épaisse de deux doigts à peine. Tous les vingt pas, il faut s'arrêter et manœuvrer pour éviter les coups de pied, et les hommes, agacés par le retard, s'insultent sans raison. Au bout de quatre ou cinq minutes, on avance encore vingt pas, et, quand enfin l'étang est atteint, les hommes et les bêtes s'enfonçant jusqu'aux chevilles dans la boue, c'est seulement pour constater que des centaines de chevaux ont laissé tant de bêtises et de bave sur l'eau. que nos animaux refusent de boire.

On raconte qu'il y a eu une grande bataille près de Nancy et que nous avons gagné. Pourquoi n'avançons-nous pas aussi ?

mardi 18 août

Lucas, le cycliste de la batterie, réussit à retrouver deux bouteilles de champagne qu'il cacha dans un coin du corps de garde où Le Bidois, qui faisait la sentinelle, les surveillait.

Lucas est un jeune dessinateur de talent. Son caractère se reflète fidèlement dans son visage : frais, mobile, peut-être un peu féminin. Vous le rencontrez le matin et il vous saisit par le bras :

"Oh, mon cher... une si jolie petite femme... un rêve parfait !..."

Et le soir même il dira :

"Oh, mon cher... quelle imposture... Non, pas un mot !... quelle imposture !"

Il paraît qu'à Damvillers, village voisin, il a fait la conquête d'une petite femme qui vend du tabac. Et il parvient encore à se procurer des cigarettes, du papier à lettres, des liqueurs et même du champagne, alors que personne d'autre n'a pu mettre la main sur aucun de ces luxes depuis longtemps.

La nuit tombée, il nous fit signe, et Déprez et moi le suivions jusqu'à la porte du corps de garde où se profilait la silhouette dégingandée de Le Bidois, appuyé sur son épée. Le poste de garde est une vieille cabane en ruine qui ne tient debout que grâce au lierre qui pousse autour d'elle. La porte n'a qu'une seule charnière et les marches vermoulues menant au grenier tombent en poussière. Mais nous avons quand même trouvé que c'était un endroit suffisamment confortable pour boire notre champagne.

mercredi 19 août

Le premier canon a une équipe qui fait la joie de toute la batterie. Cela est dû à Astruc et à son hors-cheval Jéricho. Astruc, aux yeux bruns brillants et au visage de corneille noire, n'est pas beaucoup plus grand qu'une canne et n'a pratiquement pas de pattes. Jericho est une brute vicieuse qui donne des coups de pied, mord et refuse de se laisser soigner. Astruc a de longues conversations avec lui, et le salue chaque matin comme on salue un vieil ami un peu grincheux, mais qu'on aime beaucoup :

"Eh bien, Jéricho, mon vieux, qu'as-tu à dire ? As-tu rêvé de juments allemandes ?"

Bréjard fait remarquer à Astruc que Jéricho est un hongre.

"Oh!" rétorqua Astruc, j'imagine qu'il a quand même des idées en tête.

Mais aujourd'hui, Jéricho était d'une humeur particulièrement mauvaise et ne se laissait pas brider pour être conduit jusqu'à l'abreuvoir.

"Quoi de neuf, mon vieux ?" demanda Astruc. "Oh, je vois ce que tu veux ! Tu n'as pas eu ta chique ce matin, n'est-ce pas ?... C'est ta chique que tu cherches."

Et il tendit au creux de sa main une pincée de tabac que le cheval avalait avec avidité. Quand Astruc est à califourchon sur son proche cheval, Hermine, Jéricho mord sa botte, et plus Astruc le fouette, plus il serre les dents.

"Eh bien," dit Astruc, "je parie que si je quitte Jéricho dans une mêlée, il mangera autant de Boches qu'il pourra en mettre sous la dent. Si seulement on en voulait cent de plus comme lui !"

Et regardant le cheval en face, il ajouta :

"C'est bizarre, tu sais ! La brute a un regard coquin dans les yeux... comme une de ces filles..."

Un corps d'ingénieurs de pontons passa devant notre camp, leurs longs bateaux blindés chargés sur des charrettes, la quille en haut. Quelques chevaux coulés, attachés derrière les véhicules, suivaient, la tête baissée et le pas boitant, un air de souffrance dans les yeux rougis, un spectacle pitoyable. Au loin, serpentant à travers la longue vallée blanche sous le soleil du matin, on voyait la colonne gravir péniblement une colline comme si elle montait vers le ciel bleu. À cette distance, hommes et chevaux ne ressemblaient qu'à une nuée de fourmis noires, mais les coques d'acier des bateaux brillaient toujours au soleil. Devant nous, la longue file défilait encore lentement.

La santé des hommes est excellente, mais les chevaux supportent moins bien cette nouvelle vie. Vendredi dernier nous avons dû en laisser un sur la route, et hier un vieux cheval de batterie nommé Défricheur est mort à son tour. Nous avons dû lui préparer une tombe et quatre hommes creusaient depuis plus d'une heure dans le sol dur et rocailleux lorsque le maire de Moirey est arrivé sur les lieux. La tombe avait été creusée trop près des maisons, il fallut donc traîner la lourde carcasse plus loin et recommencer à creuser. Malheureusement, les dimensions de la nouvelle tombe avaient été mal calculées et le Défricheur, un véritable cheval de gendarmerie, n'avait pas pu y être entassé. Les hommes étaient profondément fatigués de creuser et, à quelques coups de pelles et de pioches, ils lui cassèrent les jambes et les replièrent sous son ventre, pour qu'enfin il puisse être enfoncé dans la fosse.

La colline qui avait limité notre horizon à Ville-devant-Chaumont... se voyait encore se dresser à l'est dans une splendeur solitaire, ses contours tracés comme au compas. Sous le ciel azur, elle brillait comme une masse de bronze bruni.

Moirey se trouve au fond d'une vallée et se compose de quelques chaumières délabrées aux toits de tuiles cassées. Quel que soit le côté d'où l'on s'éloigne du village, celui-ci est instantanément caché par un éperon des collines, de sorte qu'on ne voit que le sommet des toits et le petit clocher rectangulaire recouvert d'ardoises.

Tandis que nous pansions nos chevaux dans un champ où coulait un ruisseau au milieu des iris, une bande de jeunes filles à tête blanche descendit du village.

Le seul moyen de traverser la rivière était un pont étroit. Nous l'avons empêché en plaçant deux chevaux en travers et, en guise de péage, nous avons exigé des baisers. Les filles, leurs visages roses et souriants sous les ailes de papillon déployées de leurs casquettes, hésitèrent d'abord. Puis l'un d'eux a couru, a sauté et a sauté dans l'eau. Les autres ont appris la sagesse de son exemple et ont décidé de payer le prix fort.

"Allez maintenant ! Juste un baiser, tu sais !" dit Déprez. "Ce n'est pas si cher en temps de guerre !"

Ils ont payé consciencieusement.

Vendredi 21 août

Aujourd'hui, il y avait du brouillard à notre réveil. Presque aussitôt, le capitaine donna l'ordre d'atteler, et cinq heures n'étaient pas encore sonnées lorsque nous partîmes. La route était creusée d'ornières par l'artillerie qui passait dessus depuis trois jours, et nous étions si secoués sur les ailes que nous pouvions à peine respirer.

Heureusement, la colonne avançait au pas.

Le brouillard s'était accumulé au fond de la vallée. Sur la droite, d'énormes monticules régulièrement formés s'élevaient comme des îles surgissant d'une mer de brume. Je ne pouvais détacher mes yeux de leurs courbes symétriques, aussi parfaites que celles des seins de Cybèle.

Plus loin, la route traversait une plaine dont les amples ondulations rappelaient le mouvement de l'océan les jours de houle. Dans toutes les directions, il était parsemé de gerbes de blé, mais il y avait peu d'arbres, à l'exception d'un groupe ou d'une ligne occasionnelle de peupliers soudés entre eux par le brouillard en une masse indistincte de feuillage vert foncé.

Aucun bruit de bataille ne se faisait entendre.

En chemin, nous rencontrâmes quelques trains de bagages et des ambulances, et apprîmes par leurs chauffeurs que l'ennemi était encore loin.

Néanmoins, le pays était déjà prêt au combat. Une ferme au bord de la route avait été fortifiée, les fenêtres barricadées avec des matelas et de petites fermes de paille, tandis que quelques meurtrières avaient été creusées dans le mur du jardin. Les champs étaient sillonnés de tranchées jusqu'à la lisière d'un bois, où avaient été établis des abatis. Des terrassements avaient été dressés le long des bords de la route, et devant se trouvaient des échelles entassées, deux herses, une charrue, un rouleau et plusieurs bottes de paille. Deux chariots avaient été placés en travers de la route, mais ils avaient été poussés un de chaque côté et gisaient en arrière avec leurs longs brancards pointés vers le haut.

Nous avons continué notre route à travers ce pays désolé. Ses aspects étaient si semblables qu'il semblait presque que nous n'avancions pas du tout.

Enfin le brouillard se dissipa et, tout à coup, avant que nous puissions deviner que la fin de ce morne paysage était proche, une vue magnifique s'ouvrit devant nous comme par enchantement. Nous étions au sommet d'une colline entre deux vallées, sur un côté desquelles des bois épais descendaient en terrasses feuillues jusqu'au creux d'un étroit vallon où, à travers une prairie d'un vert émeraude vif, coulait une petite rivière noire. Les forêts entourant cette prairie, comme placées là pour l'embellir et en rehausser la beauté, ressemblaient à une magnifique collerette aux teintes basses d'olive. Devant nous, juste à l'endroit où la route bifurquait, s'élevait un éperon boisé ayant l'aspect menaçant d'une forteresse. A droite, contrastant avec la petite rivière tranquille et paisible, une large vallée, aux pentes symétriques éclaircies çà et là par des blés jaunes au soleil, s'ouvrait largement et invitante. La rivière qui la traverse était à peine visible, mais les routes, les villages et la voie ferrée étaient bien distincts. D'un côté se trouvaient Vélosnes, de l'autre Torgny, leurs murs blancs et leurs toits rouges se détachant sur le fond vert des champs.

Rien dans la scène n'indiquait que la guerre était à pied, et les coups de feu entendus de loin n'étaient pas plus effrayants que le bruit des roues des voitures.

C'était une belle matinée à laquelle la brume, adoucissant les contours du paysage, donnait un charme supplémentaire. La route étroite en forme de S que nous suivions s'enfonçait dans la vallée. Les chevaux s'efforçaient de retenir les canons, et surtout les wagons de munitions, qui les poussaient sur la pente. Leurs chaussures glissant avec les pierres délogées, ils se redressèrent et tâtonnèrent avec précaution.

Le fleuve constitue à cet endroit la frontière entre la France et la Belgique. Un douanier était adossé au parapet du pont.

L'un des hommes l'interpella :

"Pas de fin lin ni de dentelle aujourd'hui, mon vieux !"

Et un autre:

« Supposons qu'il n'y ait aucun droit sur la mélinite, n'est-ce pas ? »

Le fonctionnaire sourit.

Le premier village belge, Torgny, contrastait avec les hameaux français que nous traversions depuis l'aube. Nos villages sont délabrés, sales et sentent le fumier et la misère. Torgny, au contraire, était propre et lumineuse, les fenêtres des maisons arborant non seulement des rideaux mais même parfois des stores brodés, tandis que les volets, les portes et les solives des fenêtres étaient peints en vert clair.

De tous côtés, nous avons été accueillis avec le sourire par les villageois placides et ouverts. Par les fenêtres des chaumières, on apercevait les sols carrelés rouges et, dans la pénombre des intérieurs, la lueur des cuivres des poêles et des lampes reflétée par les meubles soigneusement cirés.

Notre colonne s'est arrêtée dans le village, les hommes calant soigneusement les roues des véhicules pour les empêcher de reculer dans la pente. Une femme et une jeune fille blonde et légèrement bâtie étaient assises devant leur maison, dont la moitié inférieure était un amas de glycines. Nous leur avons demandé où menait la route et une conversation a commencé à laquelle ont pris part non seulement la mère et la fille, mais aussi la grand-mère, une petite femme desséchée au visage ridé d'où sortaient une paire d'yeux bruns brillants ; elle était sortie pour voir ce qui se passait. Ils parlaient avec un accent chantant et traînant, qui n'était pourtant en rien désagréable à nos oreilles.

« Les Allemands sont-ils arrivés jusque-là ?

"Oui, ils sont venus, seulement ils n'ont pas fait de mal... Ils n'ont pas eu le temps. Cinq ou six d'entre eux sont descendus du bois là-haut, des cavaliers. Mais ils sont repartis presque aussitôt. Certains villageois les ont vus. Il y avait aussi ici des cavaliers français, en uniforme bleu et rouge.

"Des chasseurs ?"

"Je suppose. Ils sont si gentils et si polis... Au début, comme ils n'étaient pas nombreux, nous nous sommes presque disputés pour savoir qui les aurait.

Quand les uhlans sont sortis du bois, ils ont vu les Français et je suis rentré de nouveau.

"Et les soldats belges ?"

"Je n'en ai vu aucun", dit la vieille dame. "Mais ma petite-fille en a vu à Arlon l'année dernière."

"Oui," répondit la jeune fille, "et ils sont mieux habillés que toi."

Nous nous préparâmes à nous installer confortablement dans les chaises qui nous avaient été apportées et discutâmes en attendant que l'ordre avance.

"Vous devriez nous être très reconnaissants", dit la grand-mère. "Nous les avons arrêtés, et ils n'y avaient pas pensé ! Ils nous ont pris pour des moutons et ont découvert que nous étions des lions, oui, des lions ! Ils le disent même eux-mêmes !"

Nous avons volontiers acquiescé.

A l'avenir, nous pourrons toujours compter sur la bonne volonté des Belges, car nous leur devons beaucoup de gratitude. Ce n'est pas là une base d'affection plus solide que celle qui sous-tend les sentiments d'un bienfaiteur envers son protégé. Rien n'est plus apaisant pour l'esprit qu'un sentiment de supériorité et d'orgueil légitime.

Il ne fait aucun doute que le sang si courageusement versé pour nous en Belgique sera productif de plus d'amitié que vingt années d'efforts soutenus pour maintenir la langue et la culture françaises contre la marée montante de la germanisation. Et, quarante ans plus tard, lorsque nous rencontrons un Belge, nous pouvons être sûrs qu'il nous rappellera, avec son accent sympathique :

"Oui, mais tu sais... sans nous en 1914..."

Ce lui sera un plaisir de rappeler tout ce que la France doit à son glorieux petit pays. De plus, il nous sera reconnaissant de la dette que nous lui devons.

"Oh, bien sûr, cela nous a coûté cher de défendre notre neutralité", dit la vieille femme. "C'est affreux ce que les Allemands ont fait dans notre pays. Ils semblent avoir une haine particulière pour les femmes. Il y en avait une là-bas... Nous la connaissions bien... Et ils lui ont d'abord coupé les seins. .. et ensuite l'ont éventrée... Et ils ont fait ça à d'innombrables autres ! Oh ! c'est trop affreux ! à propos de tout ce que nous avons dû souffrir. Mais vous ne ferez pas la même chose lorsque vous entrerez en Allemagne, n'est-ce pas ?

Elle a ajouté:

"Je suis très vieux, plus de soixante-dix ans, et je n'ai jamais vu la guerre en Belgique."

La pauvre vieille parlait presque sans colère, mais d'une voix tremblante et avec une tristesse infinie.

Nous campâmes à Torgny. Dès que les chevaux furent piquetés et l'avoine distribuée, Déprez et moi nous précipitâmes aux fenêtres de la glycine pour demander si nous pouvions acheter un peu de lait et des œufs. La vieille femme était très bouleversée ; il semblait qu'elle avait déjà tout donné aux Chasseurs. Mais elle nous envoya un peu plus loin chez une de ses filles qui, disait-elle, allait traire la vache pour nous. Elle a ajouté:

"Nous avons ici un bon loft, où vous serez tout à fait à l'aise et au chaud dans la paille. Alors revenez dormir de toute façon."

Nous frappâmes à la porte qu'elle nous avait indiquée quelques maisons plus loin et fûmes reçus comme si nous étions attendus.

"C'est des artilleurs, maman", dit une jeune femme qui allaitait un enfant dans ses bras. "Ils veulent du lait."

Sa mère sortit de la pièce voisine.

"Je vais traire la vache", dit-elle. "Bonsoir, messieurs; asseyez-vous, vous devez être fatigués."

Lucas avait réussi à trouver des œufs.

"On te prépare une omelette au bacon ?" demanda la fille. "Cela ne prendra pas longtemps. Mais asseyez-vous. Je suis sûr que vous êtes assez resté debout aujourd'hui!"

Presque aussitôt, la graisse commença à grésiller dans la poêle.

A chaque instant, des fantassins et des chasseurs frappaient à la porte, et les deux femmes distribuaient le lait de leur vache, refusant tout paiement. Lorsqu'il n'en restait plus, ils étaient bien malheureux de devoir décevoir les hommes qui arrivaient continuellement pour diverses quêtes.

"Nous avons donné tout ce que nous avions. Je suis vraiment désolé !" ils ont dit. "Il ne nous reste qu'un petit bol pour le bébé. Vous voyez, nous n'avons qu'une seule vache !"

Un chasseur rapporta une bouilloire qu'il avait empruntée ; un autre a demandé le prêt d'un gril. Jamais Français n'a été plus chaleureusement accueilli en France.

La jeune fille blonde, avec qui nous avions causé peu auparavant, revint portant à la main un pot à lait en faïence.

"As-tu du lait, ma tante ? Il y a des soldats qui en veulent un peu. Ils sont malades, certains."

"Oh, chérie, je suis vraiment désolée ! Il ne reste que quelques gouttes pour bébé !"

"Oh cher!..."

La jeune fille nous vit attablés autour de l'omelette fumante et nous sourit comme si nous étions de vieilles connaissances. Je lui ai dit que si jamais je rentrais chez moi, je devrais peut-être écrire un livre sur ce que j'avais vu pendant la guerre.

"Et pourriez-vous s'il vous plaît me dire votre nom, afin que je puisse vous envoyer le livre comme souvenir pour vous et votre famille. Vous avez tous été si bons avec nous, Français."

"Je m'appelle Aline, Aline Badureau."

"Quel joli nom... Aline !"

Elle se prépara à partir.

« J'espère que tu rentreras chez toi, me dit-elle, pour nous envoyer ton livre. Mais je suis sûre que tu oublieras. On dit que les Français oublient très vite.

J'ai protesté avec véhémence.

III.
L'ATTAQUE. LA RETRAITE

NOUS couchâmes dans la grange que la bonne vieille femme avait mise à notre disposition, et dans laquelle le foin était profond et chaud. A trois heures du matin, un des piquets de l'écurie est venu nous appeler par la fenêtre. Nous attelâmes nos chevaux du mieux que nous pouvions dans l'obscurité.

Une lumière extrêmement diffuse commençait à se répandre sur la campagne, et la brume, montant des prairies, obscurcissait la clarté de l'aube. Nous avons marché dans une atmosphère poudrée. Le brouillard était si épais qu'il était impossible de voir la voiture immédiatement devant nous, et depuis notre position sur les caissons d'attelage, le conducteur de tête et ses chevaux ressemblaient à une sorte d'ombre mouvante.

Finalement nous atteignons la petite ville de Virton. Tous les habitants étaient à leur porte et nous offraient du café, du lait, du tabac et des cigares. Les hommes sautaient des limbes et buvaient en toute hâte les boissons fumantes que leur servaient les femmes, tandis que les cochers, penchés à terre, tendaient leurs bidons.

"Avez-vous vu les Allemands ?" nous avons demandé.

"Seulement un ou deux sont venus acheter des chaussettes et du sucre. J'espère qu'ils ne viendront pas tous ici. N'est-ce pas ?"

"Ne sommes-nous pas là pour les empêcher ?"

Les visages ouverts des femmes, encadrés par leurs cheveux châtain foncé, étaient parfaitement calmes. De gros petits enfants, comme des chérubins nés de quelque toile de Rubens, couraient à côté de la colonne tandis que nous avancions, et d'autres, un peu plus grands, criaient : « Vive les Français !

Nos batteries se regroupèrent derrière un groupe du 26e d'artillerie sur la route d'Ethe, belle route droite, flanquée de grands arbres. Dans le brouillard, les gerbes dans les champs ressemblaient tellement à de l'infanterie qu'on s'y trompait un instant. Quelques ambulances ont été installées dans l'un des villages. Un peu plus loin, des mulets, sellés de leurs cacolets, attendaient au bout d'un chemin creux.

A peine avions-nous dépassé les dernières maisons que tout à coup des coups de fusil éclatèrent avec un bruit semblable à celui d'un bois sec qui brûle. Une mitrailleuse se mit aussi à crépiter, saccadée, comme un appareil de cinéma.

Les combats se déroulaient de très près, devant nous et aussi à droite, quelque part dans le brouillard. J'écoutais, m'attendant à chaque instant à entendre le bourdonnement d'une balle.

"Au tour !"

"Trot!"

Que s'était-il passé ? Où étaient les batteries qui nous avaient précédés ? Nous avons tourné à droite. Les tirs ont cessé. La marche dans le brouillard, qui ne cessait de s'épaissir, devint au bout d'un moment harcelante. En tout cas, nous étions désormais sûrs que l'ennemi n'était pas loin.

Finalement, vers sept heures, nous nous arrêtâmes. Pas un bruit de bataille ne pouvait être entendu. Nous avons débridé nos chevaux et leur avons donné de l'avoine. Les hommes s'allongeaient au bord de la route et somnolaient.

Soudain, la fusillade éclata de nouveau, mais cette fois à gauche. Je me demandais comment notre position avait pu changer à ce point par rapport à celle de l'ennemi. Il y a quelques minutes, les combats se déroulaient sur notre droite. Peut-être n'était-ce qu'une patrouille qui s'était égarée. J'ai renoncé à y penser. Sans doute le brouillard avait-il perturbé mon sens de l'orientation.

Cette fois, les tirs semblaient plus lointains. Une seule détonation, comme un signal, se fit entendre. J'ai d'abord cru qu'il s'agissait d'un des chauffeurs qui formait son attelage, mais une minute plus tard, le crépitement des fusils nous a frappé les oreilles en rafales, comme portés par un vent violent. Et pourtant l'air était bien calme, et le brouillard flottait, immobile, de tous côtés.

Soudain, le soleil perça et les brumes disparurent comme par magie, comme de grands rideaux de gaze rapidement relevés. En quelques instants, toute la campagne devint visible. La canonnade commença aussitôt.

A droite, quelques prairies où paissaient les troupeaux, et plus loin, une ligne de collines boisées, au sein desquelles se blottit un petit village.

A gauche et vers le nord, l'horizon était masqué par un demi-cercle de collines à travers lesquelles une rivière serpentait son cours tortueux, drainant les chaumes de chaque côté. Un grand saule en forme de bol formait une tache verte solitaire sur le fond.

Une batterie y était évidemment déjà installée, quatre points sombres indiquant la position des quatre canons. Tandis que nous attendions sur la route droite, dont la perspective était accentuée par les arbres qui la bordaient de chaque côté, les douze batteries de notre régiment, suivies de leurs premières lignes de chariots, formaient une ligne noire interminable et immobile.

Le capitaine donna l'ordre :

« Préparez-vous à l'action ! »

Les numéros d'armes qui gisaient sous les arbres se levèrent d'un bond et ôtèrent les caches de culasse et de bouche qui protègent les armes de la poussière lorsqu'ils sont sur la route. Ceci fait, ils préparèrent l'équipement de visée et constatèrent que les leviers d'entraînement et d'élévation étaient en bon état de fonctionnement.

Nous fûmes surpris dans notre travail par une explosion toute proche. Au-dessus des champs de chaume, un petit nuage blanc flottait vers le haut. Il s'est agrandi puis a disparu. Et soudain, près du saule en forme de bol, six obus d'obus éclatèrent l'un après l'autre.

J'ai ressenti une sensation étrange, comme si ma circulation ralentissait. Mais je n'avais pas peur. Pour autant, aucun danger immédiat ne nous menaçait. Seulement, j'avais l'intuition qu'une grande bataille allait commencer et qu'il me faudrait faire un gros effort.

Les artilleurs fixaient avec anxiété un point de l'horizon où les obus tombaient maintenant presque sans cesse. Bien sûr, aucun d'entre eux n'aurait avoué son anxiété, mais il y eut une accalmie significative dans la conversation. Je ne sais pas ce que nous attendions : la chute d'un obus ou l'arrivée des commandes.

Pour ma part, je m'excusai de mon appréhension. Le baptême du feu est toujours une épreuve, et l'attente immobile sur la route m'avait énervé. Il suffisait à l'ennemi de lever le feu pour nous atteindre alors que nous étions là, sans défense, en colonne.

De plus, ces émotions ne sont que superficielles. Même si l'inquiétude se lisait clairement sur le visage de chacun, nous gardions toujours le sourire et étions intérieurement résolus à faire tout ce qui pourrait être nécessaire pour faire de la bataille à venir une victoire française.

Le colonel passa, accompagné du capitaine Manoury et d'un état-major de lieutenants. Il nous lança un regard calme mais inquisiteur, qui semblait à la fois évaluer notre courage et nous encourager. Le petit groupe de cavaliers s'éloigna rapidement, gravissant les pentes bombardées par l'ennemi.

"Attention!"

Nous allions passer à l'action.

Sur le flanc de l'anneau de collines en forme de fer à cheval, des sections d'infanterie se déployaient et avançaient par élans successifs. Tout d'un coup, des hommes se levèrent et coururent à travers les champs, et de nouveau tout aussi soudainement, sur un ordre inaudible, se jetèrent à terre, disparaissant comme autant de lapins. Ils allaient de plus en plus loin, et enfin nous vîmes leurs silhouettes se découper sur la ligne d'horizon alors qu'ils traversaient la crête de la colline.

Il était environ dix heures et il faisait très chaud. Du pays inconnu de l'autre côté des collines venait le rugissement impressionnant de la bataille. Les tirs des fusils crépitaient continuellement et le bruit des mitrailleuses ressemblait à des vagues frappant les rochers. Le tonnerre des canons lourds couvrait, pour ainsi dire, le vacarme général et le mélangeait en un seul rugissement, pareil à celui de l'océan dans une tempête, lorsque les vagues se rassemblent et se brisent avec des bruits sourds au milieu du cri du vent comme il fouette les eaux.

La ligne de bataille semblait s'étendre d'est en ouest, les Allemands tenant le nord et les Français le sud.

"Avant!"

Il nous fallut d'abord traverser une prairie traversée par un ruisseau presque caché dans les hautes herbes. Les artilleurs prenaient les chevaux par la bride et les poussaient en avant, tandis que les conducteurs mettaient leurs attelages au trot. Le soleil brillait sous les roues du wagon à munitions qui, tout à coup, se révéla trop dur pour les chevaux et s'enfonça lourdement jusqu'à l'essieu dans la boue. Il a finalement été délogé par un solide collier.

Où diable allions-nous ? Nous semblions nous diriger vers le saule en forme de cuvette, près des hauteurs d'où les mitrailleuses allemandes, depuis plus de deux heures, criblaient chaque centimètre carré du sol. Pourquoi avons-nous été envoyés là-bas ? N'y avait-il pas beaucoup d'excellentes positions sur les collines ? Nous devrions inévitablement être massacrés ! Mais la colonne avançait toujours au pas vers le champ en pente où tombaient à chaque instant des obus.

Pourquoi? Pourquoi? La mort y régnait en maître depuis que le brouillard s'était levé. Nous roulions dans la vallée....

J'ai senti une sensation d'étouffement me serrer la gorge. Et pourtant j'étais encore capable de raisonner. J'ai bien compris que l'heure était venue pour moi de sacrifier ma vie. Nous monterions tous, oui ! – mais peu reviendraient en bas de la colline !

Cette combinaison d'animalité et de pensée qui constitue ma vie cesserait bientôt d'exister. Mon corps ensanglanté gisait étendu sur le terrain ; Il me semblait le voir. Un rideau semblait tomber sur les perspectives d'un avenir qui, il y a un instant, semblait encore plein de soleil. C'était la fin. Cela ne s'est pas fait attendre, car je n'ai que vingt et un ans.

Pas un seul instant je n'ai discuté avec moi-même ni hésité. Mon destin a dû être sacrifié pour l'accomplissement de destinées plus élevées, pour la vie de mon pays, pour tout ce que j'aime, pour tout ce que j'ai regretté à ce moment-là. Si je devais mourir, tant mieux ! J'étais prêt. J'aurais presque cru que c'était plus dur !...

Nous continuâmes d'avancer au pas, les cochers à pied en tête de leurs chevaux. Bientôt nous atteignîmes le saule. Une volée... De loin vint un son qui ressemblait d'abord à un vrombissement d'ailes ou au bruissement d'une jupe de soie, mais qui se transforma rapidement en un bourdonnement bourdonnant comme celui de centaines de frelons en vol. L'obus arrivait droit sur nous, et la sensation que l'on éprouve alors est indescriptible. L'air vibre et vibre, et les vibrations semblent être communiquées à la chair et aux nerfs, presque à la moelle des os. Le détachement s'accroupit près des roues du wagon de munitions et les conducteurs s'abritaient derrière leurs chevaux. A chaque instant, nous nous attendions à une explosion. Une, deux, trois secondes s'écoulèrent – une heure. L'instinct de conservation fort en moi, j'ai plié les épaules et j'ai attendu, tremblant comme un animal frémissant devant la mort. Un flash! Il semblait tomber à mes pieds. Les balles d'obus sifflaient comme un vent furieux.

Mais la colonne restait toujours immobile dans le champ de pommes de terre, tellement criblé de coups de feu qu'il était difficile de diriger les véhicules entre les cratères d'obus.

Pourquoi attendions-nous ? Comme nous aurions souhaité pouvoir au moins prendre position et répondre aux tirs ennemis ! Il me semblait que si seulement nous pouvions entendre le rugissement de nos ·75, la peur de ces moments mortels deviendrait moins intense. Mais il semblait que nous attendions simplement le massacre ; les minutes s'écoulaient et nous restions toujours immobiles.

Des obus, qui, un instant, je crus avoir effleuré l'avant-bras, déferlèrent et me secouaient de la tête aux pieds, faisant vibrer l'armure derrière laquelle je m'abritais. Heureusement, le terrain était considérablement incliné et les projectiles éclataient plus loin. J'ai transpiré de peur... Oui, j'ai eu très peur. Je savais néanmoins que je ne devais pas m'enfuir et que je devais, s'il le fallait, me laisser tuer à mon poste. Mais le désir d'agir devenait de plus en plus insistant.

Enfin nous repartîmes, progressant péniblement à travers le champ sillonné. Les cochers parvenaient à peine à diriger leurs chevaux, pris de panique et tirés dans toutes les directions.

Hutin me fit un signe de tête :

"Tu es bien vert, mon vieux !" il a dit.

"Eh bien, si tu pouvais voir ton propre visage..." répondis-je.

Un obus tomba, projetant une quantité de terre devant les chevaux et blessant à la tête le conducteur central du wagon de munitions, le tuant sur le coup.

"Avant!"

Près de la crête de la colline, nous prenons position au bord d'un champ d'avoine. Les ailes partirent en arrière pour s'abriter quelque part du côté de Latour, dont on apercevait le clocher dominant les arbres de la vallée sur notre gauche. Accroupis derrière les portes blindées des wagons de munitions et derrière les boucliers des canons, nous attendions l'ordre d'ouvrir le feu. Mais le capitaine, agenouillé parmi les avoines devant la batterie, ses jumelles aux yeux, ne pouvait découvrir aucune cible, car là-bas, au-dessus des bois étendus d'Ethe et d'Etalle, occupés maintenant par l'ennemi, une épaisse brume se formait. toujours flottant. Tout autour de nous, derrière nos canons, au-dessus de nos têtes, et sans répit, des obus explosifs et des éclats d'obus de tous calibres éclataient et jonchaient la position de balles et d'éclats. La mort semblait inévitable. Derrière le canon se trouvait une petite fosse dans laquelle je me réfugiais en attendant les ordres. Un grand cheval de selle bai, avec une plaie à la poitrine d'où coulait un ruisseau rouge, se tenait immobile au milieu du champ.

Entre le sifflement et le sifflement des obus, le tonnerre des canons ennemis et le rugissement d'une batterie de 75 voisine, il était impossible de distinguer les différents bruits dans cet enfer hurlant de feu, de fumée et de flammes. Je transpirais abondamment, mon corps vibrant plutôt que tremblant. Le sang bouillonnait dans ma tête et palpitait dans mes tempes, tandis qu'il semblait qu'une ceinture de fer encerclait ma poitrine. Inconsciemment, comme un dément, je fredonnais un air que nous chantions récemment au camp et qui me hantait.

Trou là là, ça ne va guère;
Trou là là, ça ne va pas.

Quelque chose effleura mon dos. Au début, j'ai cru que j'étais touché, mais l'éclat d'obus n'avait fait que déchirer ma culotte.

La batterie s'est enveloppée d'une fumée noire et nauséabonde. Quelqu'un gémissait et je me suis levé pour voir ce qui s'était passé. A travers le brouillard jaune, je vis le sergent Thierry étendu à terre et les six numéros du détachement se pressant autour de lui. L'obus avait éclaté sous la poursuite de son arme, brisant le tampon de recul et mettant effectivement la pièce hors d'usage.

Agenouillés côte à côte, le capitaine Bernard de Brisoult et le lieutenant Hély d'Oissel scrutaient l'horizon à la jumelle. Je les admirais. La vue de ces deux officiers et du major qui se promenait tranquillement derrière la batterie me faisait honte de trembler. J'ai traversé quelques secondes de souffrance mentale confuse mais intense. Il me semblait alors que je me réveillais d'une sorte de délire fiévreux, plein d'horribles cauchemars. Je n'avais plus peur. Et, quand je me suis de nouveau mis à l'abri, n'ayant rien d'autre à faire puisque nous ne tirions pas, je me suis aperçu que j'avais vaincu mes instincts et que je ne tremblais plus de peur.

Une odeur horrible remplissait la fosse.

"Phew!" J'ai éjaculé d'une voix rauque, "quelle puanteur !"

En baissant les yeux, j'aperçus Astruc au fond du creux. D'une voix qui semblait venir des entrailles de la terre, il répondit :

"Très bien, mon vieux ! Ne t'inquiète pas... il n'y a que moi. Je suis ici dans un sale état, mais je ne céderais quand même pas cet endroit pour vingt francs !"

Au sommet de la colline arrivaient des fantassins en retraite. Le bruit des mitrailleuses se rapprocha et finit par se distinguer du rugissement de l'artillerie.

L'ennemi avançait et nous cédions devant lui. Les obus continuaient de voler au-dessus de nous et des compagnies entières d'infanterie se repliaient.

Les officiers se sont consultés.

"Mais que faire ?... Il n'y a pas d'ordres... pas d'ordres", répétait le major.

Et nous attendions toujours. Le lieutenant avait dégainé son revolver et les artilleurs avaient dégainé leurs fusils. Les batteries allemandes, craignant peut-être de toucher leurs propres troupes, cessèrent de tirer. A tout moment, l'ennemi pouvait désormais mettre le pied sur la crête.

"Se dégourdir!"

La commande a été rapidement exécutée.

Nous avons dû transporter avec nous Thierry, dont le genou était cassé. Il souffrait horriblement et nous implorait de ne pas le toucher. Malgré ses protestations, trois hommes le hissèrent sur l'échelle d'observation. Il était très pâle et semblait prêt à s'évanouir.

"Oh!" murmura-t-il. "Tu me fais du mal ! Tu ne peux pas m'achever ?"

Le reste des blessés, au nombre de cinq ou six, se hissèrent sans aide sur les avant-trains et la batterie s'élança au grand trot sur la route de Latour.

Nous avions perdu la bataille. Je ne savais pas pourquoi ni comment. Je n'avais rien vu. La droite française a dû reculer sur une distance considérable, car, vers le sud-est, j'ai vu des obus éclater au-dessus des bois qui, ce matin-là, se trouvaient quelque peu derrière nos lignes. Nous étions complètement débordés, et je me demandais si nos moyens de retraite étaient encore ouverts. Nous traversâmes successivement le chemin de fer, quelques champs et une rivière, et approchâmes de la chaîne de collines, boisées à mi-pente, qui s'étendait parallèlement aux hauteurs que l'armée avait occupées le matin. Telles furent sans doute nos positions de ralliement. Les cochers poussaient leurs chevaux en avant tandis que les artilleurs, descendus des avant-trains pour alléger la charge, couraient en ordre dispersé à côté de la colonne. La route étroite que nous suivions était très découpée, les pierres roulaient sous les sabots des chevaux à chaque pas. A mi-hauteur de la forte pente, nous trouvâmes le passage barré par un chariot d'infanterie immobilisé. Un cheval blanc décrépit se débattait dans les puits. Le conducteur a juré et tiré sur les roues, mais l'animal n'a pas pu démarrer.

L'un des caporaux cria :

"Maintenant, continue, n'est-ce pas ?"

Allez !... Comme s'il le pouvait ! Le conducteur, sans lâcher le volant qu'il empêchait de reculer, tourna vers nous un visage distrait, pleurant presque de rage déconcertée.

"Continuez ? Comment dois-je continuer ?"

Nous lui avons prêté main forte et avons réussi à pousser son chariot dans le champ pour pouvoir passer.

Il était environ deux heures de l'après-midi et la chaleur était étouffante. La bataille semblait terminée, et les seuls coups de feu audibles venaient de loin sur la gauche, près de Virton et de Saint-Mard.

La colonne s'étendait en une longue ligne noire sur le flanc de la colline tandis que nous rampions vers le haut à travers les bois couronnant le sommet afin de trouver une route par laquelle nous pourrions gagner le plateau. L'horizon s'est progressivement ouvert devant nous. Soudain, du côté de Latour, une mitrailleuse se mit à crépiter ; Je portai précipitamment la main à mon oreille, comme quelqu'un qui chasse une guêpe bourdonnante.

"Ils nous tirent dessus !" s'écria Hutin.

Les balles ont commencé à bourdonner. Des mitrailleuses avaient ouvert le feu sur nous du haut des positions que nous venions de quitter. L'un des chevaux, blessé, tomba à genoux et fut aussitôt dételé. Un tireur, touché à la cuisse, continue néanmoins sa marche.

A proximité, dans une vallée où nous étions à l'abri du feu, nous trouvâmes un endroit où un coin du champ coupait un coin de la forêt. Ici, nous avons garé nos trois batteries et attendu les commandes. J'ai tout de suite compris à quel point notre position était critique. Il n'y avait pas de route menant au plateau à travers le bois, et plusieurs véhicules de la 10e batterie, qui s'étaient aventurés à tenter une piste cavalière, se trouvèrent bientôt dans l'impossibilité ni d'avancer ni de reculer. L'un des canons s'était enfoncé jusqu'à l'essieu dans le sol boueux.

Le seul moyen de retraite était donc de traverser les champs dénudés à droite ou à gauche et de défier à nouveau le défi non seulement des mitrailleuses, mais aussi, peut-être, de l'artillerie de campagne ennemie, qui avait désormais eu le temps de battre en retraite. à venir. Plus nous attendions, plus nos chances de nous en sortir indemnes devenaient problématiques.

En outre, je ne pouvais m'empêcher de me demander combien de temps la traversée du plateau allait probablement rester disponible. Nous étions déjà débordés et devant nous les Allemands avançaient toujours sur les collines en forme de croissant. Ils avaient sans doute déjà occupé Latour.

Le major attendait toujours les ordres. Il prononçait à peine un mot, mais de temps en temps ses mâchoires se contractaient spasmodiquement – un signe de nervosité que nous, soldats, connaissions bien. Il « cassait des noix », comme disent les hommes. Il avait dépêché un caporal pour demander des instructions, mais personne ne savait où l'état-major pouvait se trouver à cette heure-là. L'armée était en pleine retraite.

Finalement, un dragon arriva au galop et tira les rênes devant nos officiers. Nous nous pressions anxieusement autour de lui. Il apporta l'information que la retraite de l'armée s'effectuait sur la droite par la route des Ruettes. L'ennemi, dit-il, avait déjà pris Latour et avançait vers Ville-Houdlémont.

La colonne a immédiatement pris vie. Le lieutenant Hély d'Oissel, seul devant, nous montra le chemin. De nouveau, les mitrailleuses éclatèrent au loin, mais cette fois aucune balle ne siffla devant nous. Pendant quelques instants, nous fûmes arrêtés par une palissade que nous brisâmes à coups de hache. L'espace ouvert que nous devions traverser était court : une prairie coiffant la colline entre les arbres. Nous arrivâmes finalement aux Ruettes par un chemin étroit, de part et d'autre duquel s'élevaient des talus escarpés.

Près de l'église se tenait un général sans état-major et accompagné uniquement de trois chasseurs.

La route de Tellancourt était un véritable fleuve.

Dans la hâte et le tumulte de la retraite, nous avons dû nous frayer un chemin de force à travers la foule. Les bataillons qui possédaient encore leurs majors marchaient en tête avec la colonne d'artillerie. Et, ballottés de droite à gauche comme des morceaux de liège dans le tourbillon d'un courant, traînés de-ci de-là dans les remous, tantôt poussés dans le fossé, tantôt emportés par le torrent, les restes en lambeaux des troupes surgissaient. en bas de la route. Blessés, boitant, beaucoup sans fusil ni sac, ils progressèrent lentement. Quelques-uns s'efforçaient de grimper sur nos voitures, et soit se hissaient sur les wagons de munitions, soit se laissaient entraîner comme des automates.

Tandis que la retraite des divisions d'infanterie se poursuivait le long de la route, nous tournâmes à droite sur un chemin raide et atteignîmes le plateau. Le jour touchait à sa fin, et l'ombre des bois épais de Guéville, entre nous et le soleil, se projetait sur le flanc de la colline voisine. Ici, il n'y avait pas de retardataires, mais les fossés étaient pleins de blessés, se reposant un instant avant de poursuivre la pénible ascension. Beaucoup d'entre eux avaient l'air de ne plus jamais se relever. Certains gisaient à moitié cachés dans l'herbe.

Il y avait déjà quelque chose de crânien dans leurs visages ; les yeux, grands ouverts et brillants de fièvre, regardaient fixement de leurs orbites enfoncées comme s'ils fixaient quelque chose qu'on ne pouvait pas voir. Leurs cheveux emmêlés étaient collés sur leur front par la sueur qui coulait lentement sur les visages tirés et émaciés, laissant des sillons blancs en zigzag dans la saleté de la poussière et de la fumée. Presque aucun des blessés n'était bandé, et le sang avait fait des taches sombres sur leurs manteaux et éclaboussé leurs uniformes en lambeaux. Aucune plainte ne devait être entendue. Deux soldats, sans sac ni fusil, essayaient de secourir un petit fantassin dont l'épaule avait été brisée par un obus et qui, d'une blancheur mortelle et les yeux fermés, secouait la tête avec lassitude mais obstination, refusant de bouger. D'autres, blessés à la jambe, parvenaient quand même à boiter à l'aide de leurs fusils qui leur servaient de béquilles. Ils nous suppliaient de leur trouver une place dans les voitures.

Nous avons réussi à leur faire de la place sur les ailes. À chaque choc, à chaque secousse, un gros clairon, dont la poitrine avait été transpercée par une balle, poussait un cri de douleur.

Dans les champs, au bord de la route, gisaient des sacs déchirés et béants d'où sortaient des gilets, des pantalons, des casquettes, des brosses et d'autres ustensiles. La route elle-même était jonchée de bottes, de gamelles et de bouilloires écrasées par les roues et de sabots de chevaux, de chemises, de baïonnettes, de cartouchières aux étuis de cuivre luisant dans la poussière, de képis et de fusils Lebel cassés. C'était un spectacle à faire pleurer, et, malgré moi, ma pensée revenait à la retraite d'août 1870, après Wissembourg et Forbach... Et pourtant depuis un mois nous entendions continuellement parler de victoires françaises, et avions presque commença à imaginer l'Alsace reconquise et la route vers l'Allemagne ouverte. Pourtant, dès la première attaque, notre armée était en déroute ! Avec un certain étonnement, je réalisai que j'avais participé à une défaite.

Nous atteignons la lisière du bois de Guéville, défendu par le 102e d'infanterie. Des armes et du matériel jonchaient encore la route, également découpée en crêtes par l'artillerie et les convois. Les blessés sur nos chariots cahoteux et cahoteux ressemblaient à des hommes crucifiés.

J'interrogeai le grand clairon :

"On arrête ? Peut-être que ça te secoue trop ?"

"Non ! N'importe quoi plutôt que de tomber entre leurs mains."

"Oui, mais quand même..."

"Non, non, ça va."

Et il se mordit les lèvres pour ne pas crier. J'étais très fatigué et ma tête me semblait à la fois lourde et légère. Mon seul désir était de dormir, peu importe où.

A peine étions-nous sortis du bois que la batterie s'arrêta dans un champ plein de gerbes de blé, près d'un village appelé La Malmaison. Je me suis jeté sur de la paille. Si nous restions là, nous ne pourrions certainement même pas dormir ; l'ennemi était trop proche et nous serions probablement attaqués de nuit. Et ma seule pensée était de dormir, de m'éloigner suffisamment pour dormir. J'attendais l'ordre prophétique « Dételez-vous ! ce qui nous laisserait sur ce terrain pour combattre à nouveau dans une heure, peut-être tout de suite. Mais d'autres ordres arrivèrent, et nous repartirent en trombe, par la Malmaison, que nous trouvâmes encombrée de troupes en désordre. La nuit est tombée. J'avais maintenant atteint les limites extrêmes de la fatigue et commençais à être moins conscient de ce qui se passait autour de moi. Comme dans un rêve, je voyais les hommes blottis sur les caissons, la tête roulant sur les épaules, et les cochers titubant d'un côté à l'autre sur leurs chevaux comme des hommes ivres. Il me semble entendre encore un tireur du 26e Artillerie, qui, assis sur le wagon de munitions, racontait comment les trois batteries qui nous précédaient ce matin sur la route d'Ethe furent attrapées par le feu des mitrailleuses allemandes et prises en colonne. , et comment lui-même avait pu, grâce au brouillard, s'enfuir presque seul.

Nous avancions toute la nuit, nos chariots grinçant et cliquetant avec un bruit presque semblable à celui d'une sorte de canonnade. Un des fouets traînait... Un instant je crus entendre une mitrailleuse... Quelle obsession !... La colonne roulait dans l'obscurité, le ronronnement monotone des roues ininterrompu par un ordre. ou un mot de quelque nature que ce soit.

Vers minuit, après une très longue marche, nous arrivâmes de nouveau à Torgny et y campâmes. Le rôle n'a même pas été appelé. Je me jetai à plat ventre sur du foin dans une grange, et il me sembla, en m'endormant, que j'étais en train de mourir.

dimanche 23 août

Ce matin, ils nous ont laissé dormir jusqu'à huit heures passées. Après nous être levés, nous avons immédiatement conduit nos chevaux jusqu'au grand auge en pierre au milieu du village. Les cloches de l'église sonnaient. Il y avait donc encore des dimanches ! D'une certaine manière, cela semblait étrange ! J'avais encore sommeil et mes membres engourdis me faisaient abominablement mal, de sorte que c'était une torture de monter en selle. Comme j'avais envie d'une journée de repos !

Alors que je rentrais au camp, Déprez à mes côtés, nous rencontrâmes Mademoiselle Aline, vêtue d'une robe rose clair à motif fleuri, et très délicatement chaussée. Elle allait sans doute à la messe. Elle nous reconnut et agita la main en souriant.

Au camp, nous les avons trouvés qui nous attendaient.

"Dépêchez-vous maintenant!"

"Bride !... Accroche-toi !"

"Quoi ? Allons-nous à nouveau en action ?"

"On dirait... Je ne sais pas", répondit Bréjard. "Maintenant!"

Les deux batteries qui formaient désormais le groupe, la nôtre et la 12e (la 10e avait été prise par l'ennemi dans le bois de Guéville), partirent sur la route de Virton. Il semblait que nous n'aurions jamais un instant de répit.

Mais presque aussitôt nous nous arrêtâmes en double colonne sur l'herbe au bord de la route. Sur le flanc de la colline se trouvaient de fortes forces d'artillerie française en position, les batteries immobiles apparaissant comme des carrés noirs sur la pente verte.

Le rôle est appelé. Il en manquait un ou deux dans ma batterie. Bâton, le conducteur central de l'équipe de tir, avait été blessé à la tête et avait été abandonné à l'hôpital de Torgny. Hubert, notre chef d'artillerie, avait disparu, ainsi qu'Homo, un autre des conducteurs. La dernière fois que j'avais vu Homo, il errait à travers un champ balayé par les canons allemands, un regard sauvage dans les yeux.

Lucas, le cycliste du capitaine, manquait également à l'appel, ce qui m'inquiétait particulièrement. Il est toujours aussi joyeux, ouvert d'esprit et amusant, et c'est l'un de mes meilleurs amis.

Il n'y avait aucune nouvelle de toute notre première ligne, dirigée par le lieutenant Couturier. Formés en cercle autour du capitaine, les détachements se réorganisèrent. Il ne restait plus à la batterie que trois canons, et il fallut envoyer à l'arrière celui dont le tampon hydraulique était cassé.

Comme j'étais fatigué ! Dès que je suis resté immobile, j'ai commencé à m'endormir.

Hutin nous a ouvert une boîte de bully-beef.

"Tu as faim, Lintier ?"

"Pas du tout... Et pourtant je n'ai rien mangé depuis avant-hier !"

"Pareil ici. Pensez-vous que nous aurons encore des combats aujourd'hui ?"

"Je suppose que nous le ferons..."

Hutin réfléchit un peu.

« Il n'y a qu'une chose que j'aime, dit-il, c'est d'être là.

"Oui, c'est splendide."

"C'est étrange qu'on n'entende pas les coups de feu aujourd'hui."

"Ils ne semblent pas avoir profité de leur victoire d'hier pour avancer."

"Eh bien," dit notre poseur, "à mon avis nous sommes tombés dans une embuscade. Ils nous attendaient là, et ils avaient bien enregistré toutes les crêtes. C'est comme ça qu'ils nous ont eu ! Mais tout cela va changer !"

"Je l'espère ! Oh, Seigneur, comme je suis fatigué ! Et toi ?"

"Moi aussi!"

Nous mangâmes chacun sans grande délectation quatre bouchées de bœuf-bully et refermâmes la boîte. D'ailleurs, la colonne commençait déjà à bouger.

Traversant la campagne, nous atteignîmes Lamorteau, gros village au bord de la Chiers, où nous campâmes près de la rivière et attendîmes les ordres.

Le décor fut bientôt égayé par la fumée qui s'élevait tout droit dans l'air calme et déjà chaud du matin. Les hommes préparaient leur soupe et les cochers allaient puiser de l'eau pour les chevaux, qui n'étaient pas dételés.

Soudain, sur le pont enjambant la Chiers, le lieutenant Couturier apparaît en tête de sa colonne, accompagné de Lucas. Ce dernier a couru vers moi.

"Te voilà!"

"Te voilà!"

"Espèce de diable ! Tu nous as fait peur !"

Nous nous sommes serrés la main, et c'est tout. Mais je me sentais extrêmement soulagé.

Hubert était également avec eux. La conversation devint animée autour des bouilloires du camp, où la soupe fumait déjà. Ensuite, aucun ordre n'étant arrivé, nous dormîmes et, à la tombée de la nuit, retournâmes à Torgny pour y camper de nouveau.

Le major ordonna de dételer les chevaux et, supposant donc qu'aucun danger ne menaçait, je m'étirai et poussa un bâillement de satisfaction. Puis nous avons bivouaqué. Quel travail! Les canons sont espacés d'une vingtaine de mètres. Entre les roues de deux canons sont tendues les lignes de piquet, et, lorsque les chevaux y sont attachés et les harnais disposés sur les souples mâts de traction, le parc doit former un carré régulier.

Nous avons enlevé nos gilets car il faisait encore chaud. Déprez distribuait de l'avoine aux chauffeurs qui tendaient les musettes. Quelqu'un s'écria soudain :

"Un avion!"

"Un avion allemand !"

Juste au-dessus de nous, tel un grand faucon noir à la queue fourchue, un avion tournait en rond. Il y a eu immédiatement une ruée vers les fusils. Couchés sur le dos pour épauler leurs fusils, et à moitié déshabillés, leurs chemises ouvertes laissant apparaître des torses velus, les hommes ouvrirent un feu vif sur le rapace allemand qui volait bas. Les chevaux effrayés hennissaient, se cabraient et tiraient d'un côté à l'autre, beaucoup se détachant et galopant à travers les champs. L'avion semblait en difficulté.

"Elle est touchée !"

"Elle descend !"

"Non ! Elle s'en va seulement !"

Les hommes ont continué à tirer, même si l'engin était hors de portée depuis quelques minutes.

A l'abreuvoir de l'unique rue du village, il y avait toujours la même foule d'hommes qui abreuvaient leurs chevaux, les uns montés à cru, les autres menés ; les mêmes cris et jurons pour avoir de la place à l'abreuvoir, les salutations de ceux qui se reconnaissaient, les jurons des autres conduisant leurs bêtes bousculées par les hommes à cheval, bref toute la vie et le mouvement d'un camp d'artillerie. Un chasseur, criant des grossièretés, se fraya un chemin à travers la foule. Il fut assailli de cris.

"Ici, tu n'es pas plus pressé qu'un autre !"

"Oui, je le suis ! Retournez vite au camp ! J'ai des ordres !"

"Qu'est-ce qu'il y a maintenant ?"

« Vous tous, les gars, vous devez partir ! Pas le temps de vous amuser, vous savez, les Allemands arrivent. Il y aura encore du plaisir dans une minute !

Il s'est précipité en avant et nous sommes retournés en toute hâte à nos armes. Était-ce une surprise ? Nous nous sommes levés à toute vitesse, et avant même d'avoir eu le temps de boutonner nos chemises, le premier canon a quitté le parc.

"En avant ! Mars... Trot !"

Nous avions jeté les sacs à nez, encore à moitié pleins d'avoine, sur les wagons de munitions et les affûts de canons, et une fois en route il fallut les attacher pour qu'ils ne soient pas secoués. Enfilant à la hâte leurs vêtements, les hommes sautèrent du mieux qu'ils purent sur les avant-trains, tandis que la batterie avançait d'un bon pas sur la route inégale.

Nous regardions continuellement par-dessus nos épaules, vers les collines de l'est dominées par Torgny, d'où nous nous attendions à voir émerger à tout moment les têtes de colonne ennemies. J'attendais momentanément le crépitement d'une mitrailleuse ou le cri d'un obus.

La route au loin, qui serpentait à travers la vallée, était noire de chevaux et de chariots de munitions avançant au trot et soulevant d'épais nuages de poussière. On pouvait également voir des batteries rouler à travers le pays. Quel était le sens de cette retraite soudaine ? Toute la journée, nous n'avions entendu que des coups de canon de loin, vers le nord. Nous avions même maintenant complètement cessé de les entendre. Avons-nous donc été surpris, ou presque surpris ? Mais on ne sait jamais ce qui s'est réellement passé dans de telles occasions !

Nous nous installâmes sur la crête entre la Chiers et l'Othain, où tout le pays, ses contours et ses couleurs changeant continuellement sous le soleil éclatant, avait semblé nous sourire à notre arrivée. Il me semblait que les souvenirs réveillés par la majesté et le calme de la scène étaient profondément enracinés dans le passé. J'avais l'impression d'avoir vieilli de dix ans en un seul jour : impression étrange et douloureuse.

Nos canons pointaient vers Torgny et le plateau qui le surplombait. A tout moment l'ordre pouvait venir de bombarder le malheureux village. Peut-être même qu'un obus de mon fusil pourrait mettre en pièces la maison même qui nous avait abrité et tuer la femme dont l'hospitalité avait tant compté pour nous ! C'était une pensée horrible ! Oh, cette horrible guerre !

Mais la nuit tombait, et le capitaine n'avait encore aperçu aucun signe de mouvement sur le plateau. Derrière nous, l'étroite vallée de l'Othain s'enveloppait peu à peu d'ombres. Les avant-trains étaient stationnés à 200 mètres de la batterie. Tous les feux étaient interdits ; même les lanternes pouvaient ne pas être allumées, car notre sécurité du lendemain pouvait dépendre de notre présence inaperçue. La nuit était claire, mais une fine brume cachait partiellement la lumière des étoiles et il n'y avait pas de lune. Immobiles et regroupés en groupes sombres, les chevaux grignotaient tranquillement leur avoine. Une vaste lueur rougeâtre éclairait l'horizon oriental – sans doute La Malmaison en feu – et à mesure que l'obscurité s'approfondissait, d'autres lumières apparaissaient à droite et à gauche de l'incendie principal. De tous côtés, les villages brûlaient. Sur le ciel enflammé, les hanches des chevaux, leurs têtes et leurs oreilles tremblantes, ainsi que les lourdes masses des canons et des avant-trains se détachaient comme des silhouettes.

Debout côte à côte, les bras croisés, Hutin et moi regardions la campagne enflammée.

"Oh, les brutes, les sauvages !"

"Alors c'est la guerre, n'est-ce pas ?"

Et nous sommes tous deux tombés dans le silence, frappés par le même sentiment d'horreur futile et remplis de la même rage. J'ai vu une lueur jaune traverser les yeux sombres de mon ami, reflet de l'holocauste.

"Et dire que nous ne pouvons pas l'empêcher !... Que nous sommes les plus faibles ! Oh, Seigneur !"

"Cela viendra avec le temps."

"Oui, ça viendra... et ensuite ils paieront pour ça !"

Nous nous jetâmes sur la paille amassée derrière les fusils. Un projecteur venu de Verdun balayait le pays à intervalles réguliers et le ciel d'encre était éclairé par la signalisation visuelle. Blottis les uns contre les autres, nous nous endormions peu à peu, une seule sentinelle, enveloppée dans son manteau, montant la garde immobile.

Lundi 24 août

Il faisait encore nuit quand je me suis réveillé et j'ai vu une ombre sombre se tenir au-dessus de moi.

"Lève-toi!"

"Quelle heure est-il?"

"Je ne sais pas", répondit la sentinelle qui m'avait réveillé. Les villages brûlaient toujours. A tâtons, et presque sans bruit, nous attelâmes nos attelages et les avant-bras arrivèrent. Une forte baisse... les pierres roulaient. Dans l'obscurité, les chevaux peuvent trébucher à tout moment. Les freins faisaient mal, et nous nous accrochions aux véhicules, nous laissant entraîner pour soulager les rouleurs qui manquaient d'être écrasés par le lourd wagon de munitions.

Au petit matin, nous traversons un village endormi. Étendus à terre, sous le vent du haut mur entourant l'église, cinq chasseurs dormaient. Entourés d'un bras, ils tenaient les rênes de leurs chevaux, qui, immobiles à côté d'eux, dormaient aussi. Une lumière pâle et froide perçait le brouillard qui s'était accumulé au fond de la vallée. Il faisait très froid tandis que nous marchions en silence, les hommes ronflant sur les caissons. Nous allions vers l'ouest, c'est-à-dire en nous retirant. Pourquoi? N'étions-nous pas en bonne position pour attendre l'ennemi ? Soudain, un soleil argenté brillait à travers la brume, entouré d'un halo de lumière.

Après une longue halte dans un champ de luzerne fumé de détritus d'étable dont l'odeur nous restait dans les narines, nous nous installâmes sur une colline près de Flassigny. Mais à peine l'avions-nous fait, de nouvelles commandes arrivèrent et nous repartîmes, toujours vers l'ouest. Dans l'espace entre deux collines, nous apercevons une ville lointaine : Montmédy sans doute.

Vers midi, nous nous arrêtâmes dans une vallée près de la rivière.

"Démontez ! Dételez les hors-chevaux. Restez tranquille !"

Le soleil était brûlant et pas un souffle ne bougeait dans l'air lourd. Nos bouteilles ne contenaient qu'un peu d'eau d'Othain, saumâtre et tiède, mais en tout cas elle servait à se laver. Les hommes s'endormaient dans les fossés, les chevaux immobiles, épuisés par la chaleur.

La soirée était déjà avancée lorsque notre groupe reçut l'ordre de se diriger vers Marville, probablement pour y camper.

Je reconnus l'endroit, car nous étions passés par Marville pour aller à Torgny. C'était à cette époque une jolie petite ville avec des jardins fleuris et des villas au bord de la rivière entourées de dahlias. Mais aujourd'hui, l'endroit était désert. De grandes charrettes appartenant aux paysans meusiens attendaient, prêtes à partir, remplies de litières, de caisses et de paniers. Dans l'un d'eux, j'aperçus une cage à canaris à côté d'une poussette et d'un berceau. Des femmes, entourées d'enfants, étaient assises sur le tas hétérogène, pleurant amèrement, tandis que les plus petits se cachaient la tête dans leurs jupes. Des chiens, impatients de repartir, fouinaient avec inquiétude autour des roues des charrettes. Nous avons demandé à ces pauvres gens où ils allaient.

"Nous ne savons pas ! Ils disent que nous devons y aller... Et alors nous y allons... et avec des bébés comme ceux-ci !"

Et ils nous interrogeaient à leur tour :

"Dans quelle direction pensez-vous que nous ferions mieux d'aller ? Nous ne savons pas !"

Nous non plus. Néanmoins, nous avons indiqué une direction.

"Allez par là ! Par là !"

"Là-bas" était vers l'ouest... Oh, quelle misère !...

Nous bivouaquons aux abords de la ville. A proximité coulait une rivière, de l'autre côté de laquelle deux chevaux morts gisaient dans un champ de chaume.

Le capitaine de la 10e batterie, que nous croyions perdu, arriva à cheval au camp. Il raconte au major que dans le bois de Guéville il a réussi à sauver ses quatre canons, mais qu'il a dû abandonner les wagons de munitions. Sa batterie avait pris position quelque part sur les collines entourant Marville, au sud-est, et il était venu chercher des ordres.

La déchirure faite deux jours auparavant par un éclat d'obus à l'assise de ma culotte me causait un grand inconfort. Partagé entre le désir de le réparer et la crainte que l'ordre ne vienne de disperser le camp avant que j'aie fini, je laissai passer les heures tranquilles de la soirée sans faire ce travail si nécessaire.

mardi 25 août

J'ai été réveillé par le soleil et je me suis étiré.

— Enfin une bonne nuit, hein, Hutin ?

Hutin, encore endormi, ne répondit rien. Déprez interpelle :

"Maintenant, avoine!"

Personne n'était pressé. Deux hommes, masse confuse d'étoffe bleu foncé, continuaient à ronfler tranquillement au milieu de la paille jonchée sous la chasse du fusil. Soudain, j'ai cru entendre un son familier et je me suis instinctivement retourné pour voir d'où il venait.

"Vers le bas!" s'écria quelqu'un.

Les hommes se jetèrent sur place. En plein vol, au-dessus du camp, un obus éclate. Dans l'atmosphère calme, le nuage compact de fumée flottait immobile parmi les fines brumes grises.

"C'est cet avion que nous avons vu hier que nous devons remercier", a déclaré Hutin, complètement réveillé par l'explosion.

"Oui, mais c'était trop haut."

"Ce n'est qu'un essai pour trouver le champ de tir. On va le chauffer dans quelques minutes, tu verras !"

"Maintenant, bride ! Accrochez-vous ! Vite !"

Le camp se remplit aussitôt de mouvement, les artilleurs se précipitant vers leurs chevaux et leurs ailes. En un clin d'œil, les lignes de piquetage furent enroulées autour des crochets derrière les avant-bras, et les équipes étaient prêtes à partir. On entendit à nouveau le sifflement d'un projectile qui approchait. Les hommes se contentaient de tourner le dos sans interrompre leur travail. Des obus hautement explosifs commencèrent alors à tomber sur Marville, et d'autres, fonçant au-dessus de nos têtes, fondirent sur les collines voisines que l'ennemi croyait sans doute occupées par l'artillerie française. Les cochers, penchés sur l'encolure de leurs chevaux, fouettaient les attelages, et la colonne s'éloignait au trot pour prendre position sur les collines à l'ouest de la ville, qui dominaient la vallée d'Othain et les hautes terres de l'autre côté de la ville. la rivière, d'où l'ennemi approchait. Une véritable grêle de plomb, d'acier et de feu pleuvait sur Marville. L'un des premiers obus frappa le clocher. La ville n'était pas visible de notre position, mais de grandes colonnes de fumée noire s'élevaient perpendiculairement dans le ciel, et il ne faisait aucun doute que l'endroit était en flammes. Au milieu du rugissement de la canonnade, devenu désormais un tonnerre incessant qui montait, tombait, résonnait et roulait sans interruption, il était difficile de distinguer les coups venant des canons ennemis et ceux tirés des nôtres. Après un certain temps, cependant, nous avons pu reconnaître les aboiements courts et pointus des ·75 en action.

"Attention ! Poseurs d'armes, en avant !"

Les hommes se précipitèrent vers le capitaine.

"Cet arbre comme un pinceau... devant...."

"Nous le voyons, monsieur!"

"C'est votre point de visée. Plaque 0, composez le 150."

Les hommes coururent vers les canons et les posèrent, les culasses s'immobilisant lorsqu'elles se refermèrent sur les obus. Les poseurs de canons levèrent la main.

"Prêt!"

"Premier coup", ordonna le chef d'artillerie.

Le détachement se tenait à l'extérieur des roues du canon, le numéro de tir se penchant pour saisir la longe.

"Feu!"

Le fusil se cabra comme un cheval effrayé. J'étais secoué de la tête aux pieds, le crâne palpitait et mes oreilles picotaient comme par le tintement d'énormes cloches qu'on avait sonnées près d'eux. Une longue langue de feu était sortie de la bouche, et le vent provoqué par la balle soulevait autour de nous un nuage de poussière. Le sol a tremblé. J'ai remarqué un goût désagréable dans ma bouche — de moisi au début, puis âcre après quelques secondes. C'était la poudre. Je savais à peine si je le goûtais ou si je le sentais. Nous avons continué à tirer rapidement, sans nous arrêter, les mouvements des hommes étant coordonnés, précis et rapides. Il n'y avait pas de paroles, des gestes suffisaient à contrôler la manœuvre. Les seuls mots audibles étaient les ordres de tir donnés par le capitaine et répétés par les n°1.

"Deux-mille-cinq-cents!"

"Feu!"

« Deux mille cinq cent vingt-cinq !

"Feu!"

Après le premier coup, le canon était fermement installé, et le poseur de canon et le numéro de tir s'installaient maintenant sur leurs sièges derrière le bouclier. Au tir, le canon en acier du ·75 mm. Le pistolet recule sur les guides du tampon hydraulique, puis revient doucement et doucement à la batterie, prêt pour le prochain coup. Derrière le fusil, il y eut bientôt un tas de douilles noircies, encore fumantes.

« Cessez de tirer ! »

Les artilleurs s'étendirent sur l'herbe et certains commencèrent à rouler des cigarettes.

Un autre avion ; le même faucon noir se découpait sur le ciel bleu pâle qui devenait de plus en plus lumineux à chaque instant.

Les hommes juraient et serraient les poings. Quelle tyrannie ! Cela nous démarquait !

Soudain, l'artillerie lourde ennemie ouvre le feu sur les collines que nous occupons ainsi que sur un bois voisin. Il était temps de changer de position, car pour nous le moment le plus périlleux est celui où les équipes s'approchent pour rejoindre le canon. Une batterie est alors extrêmement vulnérable.

Avant que l'ennemi ait pu corriger sa portée, le major donna l'ordre et nous partîmes pour prendre une nouvelle position dans un creux de la plaine. Les vastes champs autour de nous étaient hérissés de chaume, et à gauche quelques peupliers, bordant une route, traçaient une ligne verte sur la campagne dénudée. Devant nous et derrière nous s'étendaient des tranchées vides. Marville brûlait toujours, la fumée noircissait tout le ciel oriental. Le soleil était maintenant haut dans le ciel et jetait une lumière éblouissante sur les chaumes. Nous souffrions énormément de faim et de soif. Le vacarme de la bataille semblait toujours plus fort.

Au pied de quelques collines lointaines, encore bleues dans la brume de l'horizon sud-est, le capitaine avait aperçu une colonne d'artillerie ou un convoi et de grandes masses d'hommes en marche. S'agissait-il de troupes françaises ou de l'ennemi ? Il n'en était pas sûr. La brume et la distance rendaient impossible la reconnaissance des uniformes.

"Nous ne pouvons pas tirer s'il s'agit de troupes françaises", a-t-il déclaré.

Debout sur un wagon de munitions, il scrutait l'horizon menaçant à travers ses jumelles.

"Si c'est l'ennemi, ils nous débordent... nous débordent ! Ils seront dans les bois dans un instant... Nous ne pourrons pas les voir... Allez demander au major."

Le major n'était pas mieux informé que le capitaine, les ordres qu'il avait reçus ne disant rien de ces collines. Lui aussi utilisait ses jumelles, mais ne distinguait pas les uniformes des masses en mouvement. A son tour il murmura :

"Si c'est l'ennemi, ils nous encerclent !"

Un éclaireur à cheval fut dépêché à la hâte. Nous restions en suspens, en proie à une excitation nerveuse.

Un seul fantassin s'était arrêté près du quatrième canon. Il n'avait ni sac ni fusil. Nous l'avons interrogé :

"Blessés?"

"Non."

"D'où venez-vous?"

Le capitaine fit signe que l'homme lui soit emmené. Le soldat, qui avait jeté ses armes, ne se pressa pas d'obéir.

"C'est quoi ces troupes là-bas ?" demanda le capitaine. "Français?"

"Je ne sais pas!"

"Eh bien, d'où viens-tu ?"

Le soldat agitait son bras d'un geste vague et global qui embrassait la moitié de l'horizon.

"De là-bas !"

Le capitaine haussa les épaules.

— Oui, mais où sont les Allemands ? Savez-vous s'ils ont tourné Marville vers le sud ?

"Non, monsieur... Vous voyez, j'étais dans une tranchée... Et les obus ont commencé à arriver, de très gros obus noirs... Ils ont d'abord éclaté derrière nous, à une centaine de mètres ou plus... . Et puis, bien sûr, cela ne nous dérangeait pas. Mais bientôt certains d'entre eux sont tombés sur nous... et puis nous avons couru !"

"Mais vos officiers ?"

L'homme fit un signe d'ignorance. On ne pouvait plus rien en tirer. Juste à ce moment, un obus siffla dans l'air et il s'enfuit aussitôt à toute vitesse, accroupi en courant. Quelques mots disloqués nous revinrent par-dessus son épaule :

" *Ah ! Bon Dieu de bon Dieu !* "

L'obus éclata de l'autre côté de la route, et l'instant d'après trois autres éclatèrent plus près encore. Le capitaine n'avait cessé de suivre à travers ses lunettes les troupes douteuses qui, désormais, avaient presque atteint le bois. Nous attendions anxieusement, debout en cercle autour de lui.

"Je crois qu'ils sont Français", dit-il. "Tiens, Lintier, regarde ! Tu as de bons yeux."

Grâce aux lunettes, j'ai pu distinguer le rouge de la culotte.

"Oui, ce sont des Français, monsieur. Mais où vont-ils ?"

Le capitaine ne répondit rien et je compris qu'une fois de plus notre armée était en retraite.

Une pluie d'obus s'abattit sur le terrain derrière nous.

Le feu ennemi, d'abord trop à gauche et trop haut, se rapprochait et était maintenant corrigé au niveau de l'entraînement. Nos vies dépendaient du caprice d'un capitaine prussien et d'une légère correction d'élévation.

A ce moment précis, des sections d'infanterie surgirent brusquement au bord du plateau et se replièrent précipitamment. Une compagnie de la 101e était venue occuper les tranchées derrière nos canons.

L'air a recommencé à vibrer et d'autres obus sont tombés, cette fois juste sur nous. Un éclat effleura ma tête et résonna sur le blindage du wagon à munitions. Un autre obus tomba dans la tranchée pleine d'infanterie. Une, deux, trois secondes s'écoulèrent ; puis vint un gémissement et un cri. Un homme se leva et s'enfuit, puis un autre et enfin toute la compagnie. La tête baissée, les genoux pliés, ils s'enfuirent en courant. Derrière eux, un blessé détacha précipitamment son sac, le jeta ainsi que son arme de côté et s'éloigna rapidement en boitant.

Un aide-ambulant arriva avec une enveloppe pour le Major. Ordre de prendre sa retraite. Nous nous assouplissons et partîmes au pas. Sous le soleil éclatant, le champ de chaume, avec ses entrailles de terre noire mises à nu par les entailles déchirées par les obus hautement explosifs, semblait avoir quelque chose de l'horreur d'un cadavre mutilé de blessures béantes. Près des pointes des mottes de terre éclatées avaient été soufflées au loin, et, autour du bord du trou, le sol était soulevé en un talus circulaire. Nous étions toujours menacés de mort subite. Quelqu'un a demandé :

"Pourquoi n'allons-nous pas plus vite ?... Nous en aurons fini !"

Mais j'imagine que nous étions tous conscients que le fatalisme – qui est, je crois, le début du courage – s'était emparé de nous. L'ennemi tirait sans nous voir, et ses obus semblaient être des coups du destin descendu du ciel. Pourquoi ici plutôt que là-bas ? Nous ne le savions pas, et l'ennemi ne le savait certainement pas non plus. Dans ce cas, à quoi bon se dépêcher ? La mort pourrait aussi bien nous rattraper un peu plus loin. Inutile donc de se dépêcher ; absolument inutile... Devant, nos officiers, talon par talon, continuaient leur route en discutant.

Dans la tranchée où l'obus venait d'éclater, un seul soldat restait sur place. Il était étendu face contre terre sur un tas de paille qu'il avait ramassé sous lui pour plus de confort. Du sang coulait d'une blessure dans son dos, faisant de grandes taches noires sur le tissu, et la paille en dessous de lui était teinte en cramoisi. Une autre écharde l'avait touché à la nuque ; son képi était tombé et son visage était enfoui dans la paille. Tous les regards étaient tournés vers lui à notre passage, mais aucun mot n'était prononcé. Que dire d'un obus éclaté ou d'un homme mort ?

Encore une défaite ! Comme en 1870 !... Comme en 1870 ! Nous étions tous obsédés par la même pensée paralysante.

"Ils sont diablement forts ! Regardez ça !" dit Déprez en désignant le plateau où, à perte de vue, on voyait des nuées d'infanterie française battre en retraite. Latour, six heures de combat ; aujourd'hui, à peine plus. Battu à nouveau ! Oh mon Dieu!

Nous ressentions une colère aveugle contre ceux qui s'étaient repliés. Nous n'avons pas reculé samedi dernier lorsque nous étions en action près du saule.

Au loin, vers Marville, des colonnes d'artillerie traînaient sur les champs dénudés. Une escadre bleue et rouge soulevait des nuages de poussière. Des vagues d'infanterie, en diminution mais toujours perceptibles, une cavalerie couverte de poussière et des lignes noires d'artillerie étaient visibles jusqu'à l'horizon, se déplaçant sous le soleil brûlant. Les canons avaient cessé de rugir et le silence était absolu. La terre, desséchée et chaude, exhalait une vapeur qui semblait suivre les mouvements des hommes. C'était presque comme si tout le plateau s'était mis en marche.

A Remoiville, nous rencontrâmes un beau château de la première Renaissance, avec des lignes sévères de longues terrasses et de hautes tourelles sur lesquelles flottait un drapeau blanc à croix rouge. Dans le village, on ne voyait pas âme qui vive. Les portes et les fenêtres étaient toutes fermées. Quelques poules grattaient sur un tas de fumier, et un cochon, que deux canonniers tuaient dans une petite étable noire d'ordures, poussait des cris perçants et discordants. Et pourtant, sur le seuil d'une des dernières maisons, misérable ruine à l'intérieur sombre de laquelle nous apercevions une armoire vernie, deux vieilles femmes courbées par l'âge nous regardaient passer avec des yeux à peine perceptibles. sous leurs paupières plissées. Seuls leurs doigts bougeaient. Leur regard silencieux et fixe, aigu comme une lame d'acier, nous suivait comme un reproche. Oh, on le sait bien, les remords amers d'une retraite ! Un profond sentiment de honte nous oppressait tandis que nous défilions à travers ces villages que nous étions impuissants à protéger, que nous abandonnions à la fureur de l'ennemi. Les choses y prenaient une expression presque humaine ; les façades des habitations abandonnées avaient un air de souffrance abattue. Fantaisie, sans aucun doute ! Juste de l'imagination, mais une imagination poignante et vive néanmoins, car demain tous ces villages pourraient brûler et nous, de notre camp sur les collines, verrions les récoltes et les chaumières flamber au coucher du soleil.

Il semble que les Alliés aient battu les Allemands au nord et en Alsace. En tout cas, les bulletins communaux et militaires, qu'on nous remet parfois, le disent. Alors comment se fait-il que nous soyons confrontés à ce terrible reproche de la part de choses et de personnes que nous ne pouvons pas défendre contre un ennemi trop supérieur en nombre ?

Nous attendîmes quelque temps à Remoiville, puis nous traversâmes la rivière, qui ne possédait qu'un seul pont. La traversée s'est déroulée dans le bon ordre. Puis, par l'unique route, à travers le pays vallonné où alternaient forêts vert foncé et pâturages frais, la retraite du 4e corps d'armée commença.

L'horizon occidental était limité par une longue chaîne de collines bleues aux contours magnifiques. C'est sans doute sur eux que les Français entendaient s'arrêter et se retrancher.

Sur la droite de la route se poursuivait l'interminable cortège d'artillerie et de convois : canons de tous calibres, wagons à munitions, wagons à fourrage, charrettes, véhicules de ravitaillement et de magasinage, ambulances des divisions et des corps, et charrettes de paysans pleines de blessés saignants, la tête parfois enveloppé dans des turbans pelucheux rouges avec du sang.

En restant à gauche, l'infanterie marchait de front, en bon ordre, sur la route déjà très coupée. Devant nous roulait un 120 mm. batterie. L'un des caporaux avait un demi-mouton accroché à sa selle.

La 10e batterie avait perdu tous ses canons, car lorsque, vers une heure, l'infanterie abandonna toute résistance, les artilleurs ne purent se préparer, le feu ennemi ayant presque complètement détruit les attelages. Le capitaine Jamain avait été touché à la cuisse par un éclat d'obus. Nous l'avons aperçu étendu sur une charrette de foin, parmi les fantassins blessés.

La forêt, très dense et très sombre malgré un soleil de plomb, amortissait le piétinement de l'infanterie en marche et le grondement des roues.

Dans les fossés, des chevaux fondus se tenaient debout, la tête basse, les yeux mi-clos, vitreux de fatigue. Parfois, une roue les encrassait, mais ils ne bougeaient pas d'un pouce. Ils ne se coucheraient que pour mourir.

Mais il s'avéra que le 4e corps d'armée n'allait pas attendre l'ennemi sur les collines qui, en une série de crêtes, commandaient la plaine et la forêt. On m'a dit que toute l'armée de Ruffey se repliait derrière la Meuse. La retraite générale se poursuit le long de la route, mais notre groupe fait un détour par une route secondaire qui mène d'abord à un village grouillant de troupes, puis zigzague sur le flanc boisé de la colline.

Nous avons commencé l'ascension. Le ciel s'était soudainement couvert et l'air était devenu étouffant. Quelques gouttes de pluie sont tombées. La route principale en contrebas, sur laquelle descendait sans cesse la marée des troupes en retraite entre les peupliers qui la bordaient de chaque côté, ressemblait à un canal rempli d'eau noire et animé par un lent courant.

La colonne s'arrêta et nous calâmes soigneusement les roues. Les hommes étaient fatigués et presque aucun mot n'était prononcé. Le silence n'était rompu que par le tintement des gourmettes lorsque les chevaux tendaient l'encolure et par le crépitement de la pluie sur les feuilles.

Nous avons avancé encore une centaine de mètres et, au tournant suivant de la route, nous nous sommes arrêtés de nouveau. Une charrette de paysan, remplie de literie, sur laquelle étaient assises une femme, visiblement enceinte, et une vieille dame, toutes deux abritées sous un grand parapluie, tentait de dépasser la colonne. Mais plusieurs wagons de munitions, dont les roues avaient été mal fixées, avaient glissé à reculons et barraient le passage. Une jeune fille conduisait la lourde charrette, qui était laborieusement traînée sur la colline par une jument pleine entre les brancards et un poulain en tête, ce dernier tirant dans tous les sens. La jeune fille et les animaux s'acquittèrent courageusement de leur travail.

"Maintenant, monte !"

La jument se jeta dans le collet et, avec notre aide, ils finirent par atteindre la tête de la colonne, après quoi la voie fut libre. La jeune fille arrêta un instant la charrette et caressa le nez du lourd animal, des hanches duquel de la vapeur s'élevait en nuages. Nous avons échangé quelques mots.

"Où vas-tu?"

" Nous ne le savons pas. De toute façon, il nous faudra traverser la Meuse... Nous aussi, nous sommes en retard. Tous ceux qui devaient partir sont partis ce matin, quand nous avons entendu les premiers coups de feu. Mais nous ne l'avons pas fait ; nous Je pensais que nous attendrions encore un peu et verrons ce qui se passerait. Mais après tout, nous devions y aller aussi, n'est-ce pas ? »

"Oui, leur avons-nous dit, vous feriez mieux d'y aller."

"Et les Allemands sont de parfaits sauvages, n'est-ce pas ?"

"Oui."

"Ils vont brûler nos maisons... nous ne trouverons rien à notre retour, rien que des cendres. Oh ! c'est affreux !... Tu ne peux pas tous les tuer ?"

"Si seulement nous pouvions !..."

"Maintenant, monte, vieille fille !"

Le chariot avançait.

"Bonne chance!" cria la jeune fille par-dessus son épaule.

"Merci, bonne chance !"

Près du sommet de la colline se trouvait une grande clairière dans les bois, d'où la forêt apparaissait comme un magnifique manteau jeté sur les épaules des crêtes voisines, arrondissant leurs bords et adoucissant leurs contours. De là, nous apercevions toute la plaine de la Woèvre que nous venions de traverser, ainsi que Remoiville et le plateau de Marville, où se détachait nettement sur les champs dénudés la ligne sombre de peupliers près de laquelle nous avions combattu en le matin.

Ici, dans un champ où l'avoine n'était qu'à moitié coupée, nous nous préparions à attendre l'ennemi. Notre mission était de couvrir la retraite du 4e corps d'armée, qui se poursuivait toujours en contrebas sur la grande route sur laquelle passait maintenant un interminable cortège d'auto-omnibus parisiens. Le ciel était devenu couvert et les gros nuages qui s'accumulaient derrière nous, à l'ouest, menaçaient de raccourcir la lumière du jour.

Avançant à la lisière du bois, pour ne pas révéler notre présence, la batterie s'arrêta finalement à l'orée de la forêt en pente, derrière quelques bosquets d'arbres qui offraient un bon abri. Nous dételâmes et plaçons les chevaux et les membres sur le fond de feuillages dont, de loin, ils semblaient faire partie. Nous espérions passer une soirée tranquille, d'autant plus que le lendemain serait probablement très fatiguant. Les deux batteries qui formaient actuellement le groupe, soit sept canons seulement, auraient à retenir l'ennemi un temps suffisant pour assurer la retraite du corps d'armée. Mais nous ne prêtions guère attention au lendemain, étant trop fatigués pour réfléchir ou raisonner.

Il nous fallut encore emmener les chevaux jusqu'à l'étang du village, au pied de la colline, et nous engageâmes par un sentier raide et étroit à travers bois. La seule rue du hameau était encore encombrée de troupes. Par la fenêtre ouverte de la maison du maire, j'aperçus le général Boëlle. Il avait l'air grave mais pas inquiet, et je cherchais en vain un signe d'inquiétude dans son expression.

Les fantassins avaient empilé les armes des deux côtés de la route, devant les maisons. Un drapeau dans son étui gisait sur deux piles. A la porte du presbytère, au moins deux cents hommes étaient entassés, tendant leurs gourdes. Le curé, paraît-il, leur donnait tout son vin. Des chasseurs, les rênes en bandoulière, attendaient les ordres, fumant, le dos au mur de l'église. J'ai entendu certains de leurs discours.

"Alors Mortier est mort, n'est-ce pas ?"

"Oui. J'ai une balle dans le ventre."

"Qu'a t'il dit?"

"Rien de grand-chose... Il a dit : 'Ils m'ont eu !' et il s'est allongé en se tenant le ventre à deux mains. Il s'est roulé d'un côté à l'autre et a dit : « Ah-aa-ah ! Ils m'ont eu ! Son cheval, Balthazar, le reniflait. Il n'avait pas lâché les rênes... il les tenait toujours comme je les tiens, par-dessus son bras. Je l'ai entendu dire : « Pauvre vieux ! Il était tout plié, gémissait et haletait « ouf-ouf ! et puis tout d'un coup il s'est étendu de tout son long... Un Chasseur de plus en moins ! Son visage n'était pas joli, et je lui ai fermé les yeux. Puis j'ai cassé une branche d'arbre et. il s'en couvrit le visage, comme j'aimerais qu'on me le fasse si je sombrais... Il faudra dissimuler les morts d'une manière ou d'une autre... Après cela, je suis revenu avec Balthazar.

Lorsque nous remontâmes la colline et regagnâmes notre clairière, de nombreux fantassins étaient déjà partis, tandis que d'autres attachaient leurs sacs et dépliaient leurs armes. On nous a informé qu'un seul bataillon devait rester sur place et nous soutenir. Je me demandais quelle terrible attaque nous réserverait le lendemain.

Un capitaine d'infanterie s'approche d'Astruc, qui chevauche le gros cheval du lieutenant Hély d'Oissel.

"Bonjour, tireur !"

"Monsieur?"

"Eh bien, je me fais tirer dessus si ce n'est pas Tortue !"

"Tortue, monsieur ? Qui est Tortue ?"

"Eh bien, le cheval que j'ai perdu. C'est lui ! Il ne peut y avoir d'erreur. Descendez maintenant, vite, et livrez-le !"

Astruc protesta :

"Mais, monsieur, ce cheval appartient à notre lieutenant ! Il faut que je le lui ramène. Que me dirait-il !"

"Eh bien, je te dis de descendre de cheval. Je suppose que je connais ma selle, n'est-ce pas ? Et Tortue... eh bien, elle me connaît... Voilà ! Tu vois, il n'y a aucun doute là-dessus. C'est bien Tortue. , ma jument que j'ai perdue à Ethe."

"Mais, monsieur, c'est un cheval, pas une jument."

Le policier a examiné l'animal de plus près.

"Oh ! ah ! Mais oui, c'est vrai ! Voilà, c'est étrange... très extraordinaire ! J'aurais juré que c'était Tortue..."

La nuit tombait, la brume enveloppait les arbres autour de la clairière. Sous les nuages noirs passa encore un autre avion, plus noir encore qu'eux. Le pilote pourrait-il nous voir à cette heure-là ? Si c'est le cas, on pourrait s'attendre à une pluie d'obus au lever du jour. L'engin tanguait et ballottait dans le ciel au-dessus de la clairière, car le vent s'était levé et soufflait en rafales de l'ouest.

Nous avions jeté de l'avoine coupée autour des canons, car la nuit était fraîche et il semblait pleuvoir. Le vent, se transformant en rafale, enveloppait étroitement nos manteaux autour de nous et semblait presque émouvoir les hommes eux-mêmes. Aucune lumière d'aucune sorte n'était visible sur la plaine sur laquelle pointaient nos canons et qui fut bientôt enveloppée dans l'obscurité impénétrable qui nous attendait. Dans un coin, la clairière s'enfonçait dans la forêt, et ici, là où les broussailles épaisses s'élevaient comme un mur noir de chaque côté, il nous était permis d'allumer un feu. Le vent soufflait en rafales sur les flammes, qu'il faillit d'abord éteindre puis rallumer, faisant vaciller fantastiquement les ombres des hommes sur le sol.

J'étais fatigué – les tirs d'artillerie donnent une irrésistible envie de dormir – et j'avais aussi un peu faim. Ne me sentant pas assez de courage pour attendre que la viande soit cuite et le café infusé, je dévorai ma ration de bœuf cru et m'étendis dans l'avoine derrière le wagon de munitions, où j'étais à l'abri du vent.

mercredi 26 août

Le réveil est arrivé à l'aube et nous nous sommes réveillés pour trouver un épais brouillard enveloppant la batterie. Nous étions trempés de rosée et nos membres engourdis et enflés bougeaient avec difficulté et par saccades. La pénombre incertaine éveillait en nous un sentiment d'anxiété et d'effroi dont, encore alourdis par le sommeil, il était difficile de se débarrasser.

Enveloppés dans nos manteaux et immobiles autour des canons, nous avions le loisir d'examiner notre situation dans cette clairière au milieu de la forêt. A droite, d'après nos officiers, on ne savait pas s'il y avait des troupes françaises. De ce côté, les bois s'étendaient sans interruption depuis les crêtes que nous occupions jusqu'à Remoiville. Sur la gauche devaient s'effectuer les mouvements du 4e corps d'armée. On dit que normalement un corps d'armée met dix heures pour effectuer une retraite sur une seule route. Et cette retraite était déjà en cours depuis plus de quinze heures.

Notre position dans la clairière était en soi difficile et pourrait devenir franchement périlleuse si le brouillard ne se dissipait pas. Rien ne se distinguait à cinquante mètres des canons, et l'ennemi pouvait s'avancer dans la plaine, menacer l'armée en retraite et nous surprendre.

De tous côtés se trouvaient donc les bois et leurs ombres, l'Inconnu et l'Inattendu. Devant nous l'ennemi caché dans la brume ; derrière, la Meuse ; danger partout.

La pensée de la Meuse était particulièrement troublante. Lorsqu'il nous faudrait nous retirer à notre tour, les Allemands, qu'il n'y aurait rien à arrêter sur la droite, pourraient atteindre le fleuve avant nous. Il est possible que nous ne trouvions plus un seul pont debout. Nous devrons peut-être nous sacrifier pour la défense de l'armée.

Les heures s'éternisaient. Les brumes semblaient s'accumuler sur le flanc des collines face à la Meuse, d'où elles étaient emportées par le vent d'ouest en nuages vaporeux et traînants qui s'enroulaient peu à peu sur les crêtes des collines, flottaient vers nous, enveloppant un instant nos batteries, puis s'enfonça lentement dans la plaine.

J'ai écrit ces notes sur mes genoux, le dos appuyé contre les fonds de cuivre des obus du wagon à munitions, ouvert comme une armoire. Les hommes étaient là, debout, en train de fumer, attendant les ordres.

***

Enfin, vers huit heures, le soleil brillait sur le sommet de la colline et le brouillard, comme une sorte de gaze impénétrable, commençait à s'éloigner devant nous. Un à un, les arbres réapparurent, seules les cimes des plus élevées restant enveloppées dans la brume. Rien ne bougeait. La route, noire hier d'hommes et de chevaux, apparaissait maintenant absolument blanche entre les prairies humides de rosée et d'un vert vif sous les premiers rayons du soleil du matin.

A plat ventre dans l'herbe devant nos canons, sur une sorte de terrasse naturelle entre les pierres descendant la pente, nous scrutions la plaine. Au bout d'un moment, tout semblait bouger et il fallait faire un effort pour dissiper l'illusion.

Les hommes disent que nous devrons peut-être rester ici deux jours. Cela n'est sûrement pas possible ? Quelqu'un a affirmé avoir entendu les instructions données au major par un général :

« Vous y resterez, dit-il, tant que la position sera tenable. Je compte sur votre instinct d'artilleur.

Un autre homme a soutenu le premier orateur.

"Oui, c'est vrai. Il a dit : 'Solente, je compte sur ton instinct d'artilleur." Eh bien, je l'ai entendu moi-même.

Nous avons également appris que l'engagement de samedi dernier serait connu sous le nom de bataille d'Ethe.

"Non", dit un autre. "Cela s'appellera la bataille de Virton."

"Ethe, Virton !... Qu'importe comment ça s'appelle. Puisque nous avons dû battre en retraite !..."

"Oh, oui, mais quand même", dit le trompettiste, "nous devrions le savoir. Supposons que vous retourniez vers vos gens et qu'ils vous demandent à quels engagements vous avez participé. Vous répondrez: 'J'ai été combats en Belgique. « Oui, diront-ils, mais la Belgique est un grand pays, plus grand que notre commune. Étiez-vous à Liège, à Bruxelles ou à Copenhague ? Vous auriez l'air d'un idiot !"

L'autre haussa les épaules.

A l'aide d'une baïonnette, nous avons ouvert une boîte de bœuf pour nous quatre et nous y sommes tombés. Le seul bruit était celui de la hache d'un des hommes qui abattait un petit bouleau, ce qui pouvait gêner le tir de son fusil.

Le silence était trop intense, l'immobilité du paysage trop complète. L'ennemi était là. Nous ne l'avons ni entendu ni vu, mais cela ne faisait que le rendre encore plus sinistre. Le calme inhabituel, lorsque nous nous préparions au combat, était terrifiant et nos nerfs étaient mis à rude épreuve.

Je supposais que la retraite du 4e corps d'armée était à ce moment-là accomplie. Le temps passait, l'armée française reculait toujours, tandis que l'ennemi avançait prudemment, se faufilant à travers les bois.

Soudain, vers deux heures, une mitrailleuse se mit à crépiter tout près, dans la forêt. Un cavalier galopa à travers la clairière et tira les rênes à côté du major. Nous nous sommes immédiatement assouplis.

Notre retraite a-t-elle été interrompue ? Le crépitement saccadé de la mitrailleuse était désormais accompagné de tirs intermittents de fusil. Nous avons dû traverser la clairière en diagonale pour atteindre un chemin forestier. Très calmement et déterminés à sauver nos armes, nous préparâmes nos fusils. Mais la colonne traversa le champ ras sans que nous entendions une seule balle, et nous gagnâmes le bois en toute sécurité. Il fallait se dépêcher, car la route, même si elle était encore ouverte, pouvait être fermée à tout moment.

Se penchant sur l'encolure des chevaux pour éviter les branches basses qui menaçaient de les tirer de leurs selles, et jaugeant du regard l'étroit passage entre les arbres, les cochers poussaient leurs attelages en avant à coups de fouet et d'éperon.

La route était encore ouverte... Nous arrivâmes à Dun-sur-Meuse, où il nous fallut traverser la rivière. Le Capitaine rassembla les sous-officiers :

"Le pont est miné. Prévenez vos chauffeurs de prendre soin des sacs de chaque côté du pont. Ils sont pleins de mélinite."

Pour nous laisser passer, les sapeurs jetèrent quelques planches à travers la fosse qu'ils avaient creusée au centre du pont.

Les derniers véhicules de la colonne n'avaient pas avancé de deux cents mètres de l'autre côté de la Meuse, lorsqu'une forte explosion nous secoua sur nos sièges. Le pont venait de sauter. Derrière nous, un grand nuage de fumée blanche s'enroulait en volutes épaisses, masquant la moitié de la ville.

Alors que nous attendions les ordres dans un champ, nos canons en double colonne, quelqu'un cria :

"Voilà le maître de poste !"

"Enfin!"

"Des lettres ! des lettres ! Un homme pour chaque arme !"

Depuis huit jours nous attendions des nouvelles, et chacun s'écartait un peu pour être seul à lire.

Il paraît certain que la bataille du samedi 22 sera connue sous le nom de bataille de Virton.

jeudi 27 août

Il avait plu toute la nuit et la pluie tombait encore lorsque nous nous levâmes. La pensée de toutes les misères qu'un tel temps devait inévitablement causer gâchait la satisfaction que nous éprouvions à nous sentir en forme et frais après dix heures de sommeil délicieux dans une grange bien fermée. Nos étoffes jetées sur nos têtes comme des cagoules et claquant contre nos mollets, nous marchâmes silencieusement et en ordre dispersé le long de la route battue, les pieds crasseux dans la boue, et regagnâmes enfin le parc sous une pluie battante.

Les chevaux, immobiles, luisants d'eau mais résignés, s'efforçaient sans cesse de tourner la queue vers la pluie. Les piquets des écuries avaient réussi à allumer des feux mais il leur fallut creuser de nouveaux foyers, car ceux de la veille étaient inondés et des morceaux noirs de bois calcinés flottaient dedans.

Les manteaux des hommes ruisselaient et pendaient lourdement en plis raides sur leurs épaules. Certains d'entre eux avaient retroussé leur cape pour se protéger la tête. Les artilleurs se tenaient tout autour, tendant leurs mains rouges vers le feu.

"Une pluie bestiale ! Encore deux jours comme ça et nous attraperons tous la dysenterie !"

"Je préfère mourir de ça plutôt que d'être tué par un obus", a déclaré Hutin.

"Inutile d'essayer de faire du café", grogna Pelletier. "Le feu ne dégage aucune chaleur... Cela prendrait des heures."

"C'est le bois qui ne brûle pas. Il ne fait que fumer."

"Souffle dessus, Millon !"

Nous avons mis nos semelles de bottes à la chaleur afin de les sécher. La pluie sifflait et crachait dans le feu.

"Tout de même", dit le trompettiste, "si nous n'avions pas été trahis, les choses ne se seraient pas passées ainsi !"

Je me suis énervé.

"Trahi ! J'attendais que quelqu'un dise ça !"

"Eh bien, je le pense, trahi ! J'en ai entendu parler hier... C'est un général qui a livré les plans de l'armée. Je sais de quoi je parle !"

"Ourson ! Potins du camp !"

"J'ai entendu la même chose", a affirmé un autre.

" Simplement des ragots de camp ! A partir du moment où nous avons été égratignés, cela devait arriver tôt ou tard. Si tu es battu, c'est parce que tu as été trahi ! Les Français ne peuvent pas être les plus faibles ! Seigneur, non ! C'est impossible, de bien sûr ! Mais vous savez qu'il y a cinq corps d'armée allemands devant nous. Cela fait deux contre un... Non... enfin, même à deux contre un, nous ne pouvons pas être battus, n'est-ce pas ? Et si c'est le cas, nous commençons immédiatement à pleurnicher sur la trahison ! N'est-ce pas vous qui disiez toujours que l'armée de Langle de Cary devrait venir nous aider ? Eh bien, c'est tout simplement parce que vous ne le sentez pas ? assez forts pour affronter seuls les Boches.

"Tout de même, les traîtres existent, c'est vrai", dit le trompettiste avec un sage hochement de tête. "Il y a toujours eu des traîtres, et il y en aura toujours, pour vendre la France."

"Idiot!" dit Hutin péremptoirement.

Presque tous mes camarades pensaient comme moi. Quelques renforts bien équipés nous auraient permis de prendre le dessus. Même seuls, ici derrière la Meuse, nous aurions pu arrêter l'ennemi.

D'ailleurs, pendant les jours de défaite que nous venions de traverser, quel tableau émouvant de notre pays nous avait été dévoilé ! Une armée immédiatement victorieuse ne peut sonder les profondeurs du patriotisme. Il faut avoir lutté, souffert et craint, ne serait-ce qu'un instant, de la perdre pour comprendre ce que signifie réellement son pays. Elle est toute la joie de l'existence, l'incarnation de tous nos plaisirs visibles et invisibles et le centre de tous nos espoirs. Elle seule rend la vie digne d'être vécue. Tout cela réuni et personnifié dans un seul être souffrant, engendré par la volonté de millions d'individus : c'est la France !

En la défendant, on se défend, car elle est l'unique raison d'être, de vivre. On préférerait tomber mort sur le coup plutôt que de voir la France perdue, car ce serait pire que la mort. Chaque soldat ressent cette vérité, soit vaguement, soit distinctement et clairement, selon ses facultés de perception et d'affection.

Et pourtant, dans le camp, on ne parle jamais de ces choses-là. La raison en est que des paroles qui, en temps de paix, voilaient trop souvent par leur grandiloquence grossière ces sentiments plus profonds et plus nobles, seraient aujourd'hui insupportables. Cette passion, car c'est une passion, réside au fond du cœur avec d'autres émotions sacrées et intimes, dont les exprimer extérieurement serait presque les profaner.

"Allez, maintenant ! Harnais ! Accrochez-vous ! C'est parti."

La pluie avait aigri les hommes.

"Maintenant ! Faites attention avec votre cheval, n'est-ce pas ? Vous auriez pu nous tuer !"

" Détachez vos chevaux pour qu'on puisse mettre les piquets de grève, voulez-vous ?... Bon, bon sang, je le ferai moi-même. "

"C'est un imbécile ! Un bel endroit pour attacher un poulain... à la roue d'un wagon de munitions. Il déchire le sac d'avoine. Retirez-le, n'est-ce pas ?"

Cramone, menaçant son attelage de son fouet, répéta pour la vingtième fois :

"Je vais vous apprendre à vous comporter, espèce de brutes !"

"Il y a encore un plat perdu", crie Millon. "Qui est l'idiot qui ne l'a pas récupéré hier ?"

"Tu ne peux pas reculer un peu tes mules infernales ?... On n'arrive pas à s'assouplir.... Jamais vu un idiot pareil !..."

Les hommes poussaient et tiraient leurs chevaux qui, face au vent, continuaient à tirer de côté et d'autre dans une vaine tentative pour empêcher la pluie de leur piquer les oreilles. Bréjard s'emporte.

"Seigneur, quel ensemble ! Ne peux-tu pas garder tes chevaux droits ?... Regarde ce hors-leader !... Ne vois-tu pas qu'il s'est emmêlé ?..."

« Je pensais que nous allions nous reposer aujourd'hui !

« Je suppose que les Allemands se reposent, n'est-ce pas ?

Les débuts ont été difficiles. Pendant la nuit, les roues des véhicules s'enfonçaient de plus en plus profondément dans le sol ramolli, et les sabots des chevaux ne cessaient de glisser sur la pente.

Une fois sur la route, la batterie se mit au trot, la boue éclaboussant en gerbes sous les pieds des chevaux. Quelques artilleurs, attaqués de coliques, s'arrêtèrent dans les fossés, puis, toujours en culotte, coururent à côté de la colonne pour rattraper leurs véhicules.

Nous allions étendre une forte position d'artillerie sur les hauteurs de la vallée de la Meuse. Des collines près de Stenay, le bruit des canons nous parvenait par rafales, et, à quelque distance, au-dessus des bois, nous voyions éclater les éclats d'obus. La pluie avait cessé, et le ciel, sombre un instant auparavant, s'éclaircit soudain et prit une teinte uniformément gris clair.

Dans une prairie au bord de la route, des paysans, fuyant devant la marée des invasions, avaient installé leur campement de nuit. Un grand auvent vert abritait leur charrette et formait en même temps une tente. Deux arbres projetés depuis l'avant, pointant vers le ciel. Un vieil homme et deux femmes, toutes deux enceintes, avec une demi-douzaine d'enfants accrochés à leurs jupes, nous regardaient passer.

La route montait avec raideur et la colonne ralentissait son pas pour se mettre au pas. J'entendis une des femmes dire au vieillard, en lui donnant un coup de coude :

"Allez, père!"

Le vieil homme hésita, mais elle insista :

"Vous devez!"

Il parut se décider et s'approcha de nous en passant d'une jambe sur l'autre. Puis, le visage rouge, il marmonna :

"Non ! Je ne peux pas demander ça à mon époque de vie !"

Il était sur le point de partir, mais nous l'avons arrêté.

« Demander quoi, mon vieux ?

"Pour un peu de pain, si tu en as. C'est pour les enfants !"

"Oui, bien sûr que nous l'avons fait ! Nous ne mangeons jamais de tout !"

En fait, nous avons rarement assez de pain. Les pains doivent être triés et, lorsque les parties moisies ont été jetées, la ration est généralement réduite de plus de moitié. Le vieil homme marchait à côté de l'avant-bras tandis que les hommes fouillaient leurs sacs.

"Te voilà!"

Deux pains presque frais lui furent tendus.

"Avec un oignon et une bonne dentition, c'est mangeable !"

"Merci... Merci beaucoup... Mais j'ai peur que vous soyez vous-mêmes à court de choses !"

"Oh, non ! Ce n'est pas grave, mon vieux ! Eh bien, nous en recevons un wagon plein chaque jour !"

Il s'enfuit, un pain sous chaque bras. Je l'ai vu courber les épaules et s'essuyer les yeux avec la manche de son manteau.

Une pluie d'obus éclata soudain au loin, sur les bois sombres.

"Porc!" grogna Millon entre ses dents. Il avait abandonné son pain.

Il tendit le poing vers l'ennemi.

Une fois en position de balayer les plateaux de la rive droite de la Meuse, nous nous séchons au soleil.

Dans l'après-midi, quelques cavaliers, vraisemblablement des uhlans, apparurent à l'orée d'un bois lointain. Une bordée d'obus les a rapidement incités à se mettre à nouveau à l'abri.

Vendredi 28 août

"Alarme!"

"Quoi?"

"Allez, tu te lèves !"

"Quelle heure est-il?"

"Je ne sais pas... Il fait encore nuit."

" Très bien, alors on se lève. Hutin, allez, lève-toi ! "

Je secouai Hutin, qui répondit par un grognement :

"Très bien ! Oh, Seigneur, j'étais si à l'aise là-bas !"

Le bruit du brassage de la paille emplit la grange.

"Quelle heure est-il?" répéta quelqu'un.

"Regardez ! Il manque un échelon dans l'échelle."

Bruits de pieds raclant contre l'échelle. Un serment.

« Prends la lanterne !

"Où est-il?"

"Accroché derrière la porte."

Les hommes cherchaient leurs affaires à tâtons.

"Mon képi !"

« Je suis désolé si je trouve la lanterne ! Viens m'aider, n'est-ce pas ?

"Bien sûr, il ne peut pas être encore deux heures."

"Allez, dépêchez-vous", cria un sergent en ouvrant la porte. "Quelqu'un d'autre dort encore ?"

Personne n'a répondu. Dehors, il faisait très froid et la nuit était sombre. Pas une étoile n'était visible. Des feux avaient été allumés au milieu du village et le café était en ébullition. L'église, une petite chapelle magnifiée par la lumière d'en bas, avait presque l'air d'une cathédrale, sa flèche perdue dans l'obscurité d'encre du ciel. Des ombres fantastiques dansaient sur les murs et les fenêtres étaient momentanément éclairées par des lumières rouges ou vertes. Une foule de pauvres gens fuyant l'ennemi dormaient dans la nef, en compagnie de quelques soldats qui avaient en vain cherché refuge ailleurs. Par l'entrée principale, grande ouverte, l'intérieur de l'église paraissait mystérieux, rempli d'ombres et de lumières fugitives, comme celles projetées par un édifice en feu. Sous les reflets vifs des vitraux des drapeaux, j'aperçus des figures humaines prostrées. Sur la place, les soldats qui allaient et venaient entre leurs feux projetaient d'énormes ombres sur le sol et sur les murs des maisons.

Pourquoi cette alarme ? L'ennemi avait-il réussi à franchir la frontière près de Stenay ? Nous partons derrière l'infanterie, dont le piétinement, le piétinement, ressemblait au mouvement d'un troupeau de moutons sur la route. La nuit était animée de formes mouvantes mais invisibles. La respiration de centaines d'hommes en marche était ressentie plutôt qu'entendue ; de temps en temps, comme venu de loin, arrivait un mot à moitié perdu. Toute cette vie invisible en mouvement semblait émettre des courants qui parcouraient l'air nocturne comme de l'électricité.

Au loin, nous entendions le bruit des canons vers lesquels nous marchions.

Bientôt les premières lueurs de l'aube éclairèrent les collines boisées qui dressaient entre nous et la Meuse leurs crêtes sévères et splendides. Nous traversâmes Tailly, village au fond d'un ravin, composé de quelques chaumières, d'une église et d'un cimetière.

Lorsque nous arrivâmes à Beauclair, dans la vallée de la Meuse, les combats parurent terminés.

Devant l'église, les fantassins qui venaient d'agir se reposaient au milieu de leurs armes empilées. La majorité était pâle, mais certaines étaient très rouges. Ils s'étaient jetés à terre, au soleil, et aucun d' eux ne bougeait d'un muscle. Les traits raidis des dormeurs étaient éloquents d'une lassitude tragique alors qu'ils gisaient là, leurs manteaux et leurs chemises ouverts, laissant entrevoir des poitrines nues. Tous étaient d'une saleté indescriptible, les jambes couvertes de boue jusqu'aux genoux.

La batterie s'arrêta devant les dernières maisons du village, et nous nous mîmes aussitôt à préparer le café. Un imposant Tommy est venu demander un oignon. Nous l'avons interrogé :

— Alors ils n'ont pas encore réussi à traverser la Meuse ?

"Oh, oui, ils l'ont fait !... Une brigade s'en est bien sortie... mais l'artillerie avait détruit les ponts derrière eux, et nous les avons donc attaqués à coups de baïonnette... Seigneur ! vous ne Je ne sais pas ce que c'est, les gars !... Une charge !... C'est affreux !... Je n'ai jamais rien connu de pareil ! S'il y a *un* Enfer, j'imagine qu'il y a toujours des combats à la baïonnette là-bas !... Non ! je le pense ! Allez-y en criant.... Puis un ou deux tombent, et après eux plein d'autres.... Et plus il y en a, plus il faut crier fort pour que les autres viennent. Et puis, quand enfin vous arrivez à vous rapprocher d'eux, eh bien, vous êtes tout simplement furieux, et vous poussez et poussez... Mais la première fois que vous sentez votre baïonnette s'enfoncer dans le ventre d'un type, vous ressentez un peu bizarre.... C'est tout doux, il suffit de pousser un peu !... Mais c'est plus dur de se retirer proprement. J'ai été si gentil que j'ai énervé mon camarade, un gros gros type avec un rouge ! barbe. Je ne pouvais pas retirer ma baïonnette... j'ai dû poser mon pied sur sa poitrine et je l'ai senti se tortiller sous mes pas. Tiens, regarde ça !..."

Il sortit sa baïonnette, qui était rouge jusqu'à la barre transversale. En s'éloignant, il se baissa et cueillit une poignée d'herbe pour la nettoyer.

Les heures passèrent. L'ennemi ne semblait pas disposé à faire une nouvelle tentative pour forcer le passage de la Meuse.

Nous apprîmes que d'Amade avait lancé une attaque de flanc contre l'armée allemande adverse et pris Marville.

D'Amadé ! Bravo, d'Amade ! Mais... était-ce vrai ?

Aux Halles, à un mille et demi de Beauclair, nous campâmes au pied de quelques hautes collines. Les canons, silencieux depuis quelque temps, recommencèrent à tonner. L'ennemi bombardait les hauteurs au-dessus de nous.

Comme logement pour la nuit, on nous avait donné une grange spacieuse. Mais quand, au crépuscule, nous y allâmes pour dormir un peu, nous trouvâmes notre paille couverte de fantassins, de fusils et de sacs.

Les artilleurs se mirent à jurer :

"Bonjour, c'est quoi tout ça ? Il ne reste plus de place ?"

Il y a eu une mêlée pour nous permettre de trouver des places.

La grange était surmontée d'un grenier auquel donnait accès une échelle et dont le plancher était vermoulu. Nous avons bouché les trous avec du foin.

"Nous y sommes ! Comme d'habitude, l'artillerie en haut, et l'infanterie en bas. C'est bon... Mais attention, n'enlevez pas l'échelle !"

"Prends soin de tes pieds... Oo-oh !"

"Pourquoi ne pouvais-tu pas dire que tu étais dans la paille ?"

"Maintenant, vas-y!"

Cinq ou six artilleurs étaient sur l'échelle en même temps. Il pliait sous leur poids. En bas, un fantassin se tenait immobile, tenant une bougie à la main.

"Attention ! Je ne veux pas de tes éperons devant moi, tu sais !"

"Grandis, mon vieux ! Levons-nous."

"Le sol cède !... Ils vont tomber."

"Allez, grimpe ! C'est moins dangereux que les obus !"

" Bon sang, montez un peu, les gars, sinon il n'y aura pas de place pour nous tous ! "

"N'y allez pas ! Il y a un trou... Vous allez tomber sur les Tommies en bas !"

En bas, l'infanterie grogne :

"Tu ne peux pas te taire, là-haut, hein ? On veut dormir ! Et la paille nous tombe dans la bouche !"

"Si seulement ça pouvait arrêter le tien !"

"Attention, tu es sur le ventre !"

"Désolé. Je ne vois pas un pouce ici... Tu ne peux pas lever la lanterne là-bas ?"

De nouveau, le bruit d'un obus éclata au loin. J'hésitais à retirer mes éperons et mes leggings, même si je savais très bien que je dormirais mieux sans eux. Mais s'il y avait une alarme, pourrais-je les retrouver dans la paille ? Finalement, j'ai décidé de les garder, et je n'ai pas non plus détaché mon étui de revolver, qui me irritait le côté. J'ai resserré ma jugulaire pour ne pas perdre mon képi.

samedi 29 août

Le réveil eut lieu à deux heures, accompagné de l'ordre de partir immédiatement. Les Allemands, apprenait-on, avaient traversé la Meuse. Mais notre artillerie avait sans doute enregistré le cours du fleuve. Je ne comprenais pas pourquoi nous n'avions pas entendu les coups de feu.

Dans l'obscurité de l'aube, la route apparaissait jaune entre les champs bleu-gris. Chemin faisant, je reconnus les ifs d'un cimetière où l'on enterrait la veille des morts.

Nous nous arrêtâmes en colonne dans la montée raide vers Tailly et attendîmes les ordres. Le jour se levait derrière les collines et s'étendait peu à peu sur tout l'horizon.

Un à un, les régiments de la 7e division remontèrent du ravin et nous dépassèrent. Les hommes semblaient hagards et fatigués. Leurs yeux étaient creux, et les visages des plus jeunes, tirés et jaunis par les privations, étaient sillonnés de rides. Les coins de leurs bouches s'affaissaient. Penchée en avant sous le poids de leurs paquets, dans l'attitude du Christ portant la croix, l'infanterie gravissait péniblement la colline comme s'il s'agissait d'un calvaire. Tous les cent mètres environ, ils s'arrêtaient et relevaient leurs fardeaux d'un coup d'épaule. Certains d'entre eux tenaient leur fusil à bout de bras, comme si c'était une balance qui les aidait à marcher. D'autres se plaignaient de n'avoir rien mangé depuis deux jours. L'un des 101e, un individu pâle, dégingandé, au visage maigre, aux yeux fiévreusement brillants, s'arrêta près de nous et caressa la chasse du fusil.

« Seigneur, dit-il à Hutin, autant me mettre un obus dans la poitrine ! Au moins, ce serait fini !

"Tu n'as pas honte de parler comme ça ?"

L'autre fit un geste vague, haussa les épaules et s'en alla en traînant une jambe après lui.

Dès le passage de l'infanterie, on nous ordonna de prendre position dans la plaine, près de la lisière du bois derrière lequel se retiraient les régiments de ligne.

J'entendis le Major répéter l'ordre reçu au Capitaine : "Empêchez l'ennemi de mettre le pied sur le plateau. Il n'y a plus de Français devant vous !"

"Nous couvrons donc toujours la retraite ! Un travail ignoble !" dit Millon, le numéro d'exécution, un bon petit Parisien avec une tête de fille.

Dans notre position actuelle, nous courions autant de risques du fait des tirs de fusils et de mitrailleuses que des obus. Non loin, sur le bord du plateau, près des peupliers en forme de broussailles, se trouvait un petit bosquet sombre d'où à tout moment les balles pouvaient bourdonner à nos oreilles. Les Allemands pourraient y placer leurs mitrailleuses sans être vus, plutôt que de risquer de se retrouver à découvert. Et à quoi peut-on s'attendre alors ? Eh bien !... Après tout, c'est pour cela que nous étions venus là-bas.

"Si nous n'avions pas été vendus, les choses se seraient passées très différemment", grogne Tuvache, un agriculteur breton, assez courageux sous le feu, mais qui souffrait d'un mauvais *moral* .

Et, toujours obsédé par l'idée de trahison, il ajouta :

"Et la preuve, c'est qu'ils ont pu traverser la Meuse sans encombre."

Bréjard l'a fait arrêter de parler.

"Eh bien, vous êtes pire que les autres, vous l'êtes ! Nous nous battons depuis la mer du Nord jusqu'à Belfort, n'est-ce pas ? Eh bien, comment pouvez-vous en juger par un misérable petit coin ? Peut-être que nous sommes les laisser avancer jusque-là pour les encercler ensuite... Certains d'entre vous semblent toujours en savoir plus que vos généraux... Et en plus, pendant tout ce temps, les Russes avancent. ... Nous les aurons un jour, n'ayez crainte ! Et alors ils paieront pour ça !

Nous attendions l'apparition des têtes de colonnes ennemies, qui d'un instant à l'autre pouvaient sortir de la vallée du Tailly.

Le plateau, luisant de rosée, avait pris cette immobilité absolument silencieuse qu'on constate si souvent à la campagne aux premières heures d'un matin ensoleillé.

Quatre points noirs sont soudainement apparus au loin ! Était-ce l'avant-garde ennemie ? Non. Nous avons rapidement pu reconnaître trois retardataires et un cycliste. Une troupe en colonne de marche les suivit hors de la vallée. Dans cet ordre, ils ne pouvaient pas être Allemands. La colonne, qui s'avère être un bataillon du 101e, passe par là et disparaît sur la route qui mène au bois. Mais, dans le relief et le déclin du pays vallonné s'étendant du nord-ouest jusqu'aux masses sombres des forêts lointaines, le lieutenant Hély d'Oissel avait découvert à ses jumelles de grandes masses d'hommes marchant vers l'ouest par des chemins creux qui presque les a cachés à notre vue. Était-ce l'ennemi, ou bien les troupes françaises qui occupaient les hauteurs de la Meuse près de Stenay et qui se retiraient maintenant ?

Nous avions déjà connu la même terrible incertitude à Marville. Le capitaine grimpa dans un pommier pour mieux voir, et le major essaya aussi de reconnaître les mystérieuses troupes. Mais aucun des deux ne pouvait rien distinguer. Une brume, l'humidité de la nuit qui s'évaporait, s'élevait déjà du sol et voilait l'horizon. S'il s'agissait de colonnes allemandes, elles menaceraient le flanc de l'armée en retraite. Un éclaireur fut envoyé au galop en reconnaissance. Le temps a passé et les colonnes ont disparu. Enfin l'éclaireur revint ; les troupes étaient françaises. Il avait vu des détachements de chasseurs les flanquer.

Les pieds mouillés de rosée, nous nous retrouvâmes immobiles et attendîmes l'ennemi.

Vers midi, nous reçumes l'ordre de nous diriger vers la lisière du plateau et de nous placer derrière un bosquet d'arbres, afin de dominer la vallée du Tailly et les collines au sud de Stenay. Et, continuellement, des régiments d'infanterie successifs sortaient de la forêt et nous dépassaient en reculant.

"Désespéré si j'arrive à comprendre !" dit Hutin.

"Je ne peux pas!"

Il faisait très chaud et nous avions soif, mais nos bouteilles d'eau étaient vides.

Nous avons continué à attendre jusqu'au crépuscule, mais l'ennemi n'est pas apparu.

La nuit était tombée lorsque nous fûmes envoyés camper de l'autre côté du bois.

La lune se levait au-dessus de la cime des arbres. Le bruit régulier des sabots et le roulis monotone des véhicules se mêlaient en une sorte de bercement las et nous endormaient au bout d'un moment. Pour souffrir sans nous plaindre de toutes les rigueurs et misères de la guerre, nous n'aurions demandé qu'une heure d'affection, de tendresse sympathique, en sécurité, le soir, après la longue journée passée à veiller ou à combattre.

La route était plate et nous étions à peine secoués ; personne ne parlait et la plupart d'entre nous dormaient ou somnolaient.

Aucun bruit ne troublait le calme de la chaude nuit, si ce n'est celui de la colonne en marche. Peu à peu, nous nous sommes perdus dans d'agréables rêveries et dans les souvenirs du passé, oubliant les dangers et la détresse présents. Continuons notre footing à travers l'espace et le temps.... Lyon la nuit... de longues rangées de lampes éclairant les quais et se reflétant dans le Rhône... au dessus du fleuve l'amphithéâtre de la Croix-Rousse avec ses lumières scintillantes comme des points d'or , et au-dessus d'eux, encore, les étoiles.... Où finissait la ville, où commençait le ciel ?... Et la Mayenne aux beaux jours de l'automne et de l'été, ses eaux sombres scintillantes comme des diamants noirs.. .. Les souvenirs qui surgissaient devant moi brouillaient peu à peu la scène des reflets illusoires.

Et peut-être devrais-je mourir dans quelques heures…

Comme si j'avais pu écrire moi-même ces beaux vers de Du Bellay, j'éprouvais la nostalgie douloureuse de ses paroles :

Quand reverrai-je, hélas! de mon petit village
Fumer la cheminée, et en quelle saison
Reverrai-je le clos de ma pauvre maison,
Qui m'est une province et beaucoup d'avantage ?

Je me suis répété les lignes plusieurs fois.

dimanche 30 août

Ce matin, nous avons marché des heures à travers des nuages de poussière, le soleil nous brûlant la nuque. Les hommes avaient soif et crachaient continuellement la salive argileuse qui leur obstruait la bouche. La batterie s'arrêta dans une vallée à la lisière d'un village — Villers-devant-Dun, je crois — où le bruit des canons semblait venir de l'ouest et du sud aussi bien que de l'est et du nord. Ce fut une surprise et nous mit d'abord mal à l'aise. Janvier, pour la centième fois, dit :

"Ça y est ! Nous sommes encerclés !"

Il était hanté par cette idée. Cependant, nous n'avons pas tardé à découvrir que l'illusion était uniquement provoquée par un écho exceptionnellement clair. En réalité, les combats se déroulaient près de Dun-sur-Meuse.

Nous nous pressâmes autour de la fontaine, sur l'enceinte de laquelle était collé le dernier *Bulletin des Communes* . Mais d'abord nous avons bu chacun, à grandes gorgées, au moins un litre d'eau fraîche. Ensuite, nous lisons les nouvelles. Tout allait bien ! On annonça néanmoins que Mulhouse avait été reprise. Apparemment, il avait donc été perdu. Nous avons échangé nos impressions :

"Eh bien, Hutin ?"

"Pas mal," répondit-il d'un air dubitatif, "mais ils ne disent rien de notre petit spectacle de la semaine dernière."

Bréjard, au contraire, était rempli d'un optimisme que rien ne pouvait freiner :

" Virton, Marville... eh bien, tout cela n'est rien sur le front tant que ça ! Il a fallu céder un peu dans certains secteurs, c'est tout... Mais sinon ça va très bien ! "

"Tout de même, ce n'est pas agréable de se retrouver dans l'un des secteurs qui doivent céder", répond Hutin.

"Tout cela va changer. Nous allons être renforcés... On dit que De Langle n'est qu'à une journée de marche."

"Il devra se dépêcher s'il veut retrouver les restes de la 4e infanterie !"

C'était vrai. Les régiments de ligne, notamment ceux de la 8e division, avaient terriblement souffert. Certains bataillons avaient été diminués des deux tiers, et, depuis la bataille de Virton, beaucoup de compagnies ne comptaient plus que cinquante ou quatre-vingts effectifs et avaient perdu tous leurs officiers. Comme nous aurions souhaité que De Langle arrive !

Dans la poussière toujours plus épaisse et la chaleur accablante, nous retournâmes par le même chemin aux positions que nous avions occupées la veille à Tailly. Il nous semblait que nous avions inutilement perdu plus de sept heures à marcher en grand cercle.

Un autre avion est apparu. Cette oppression devenait insupportable ! Nous nous sentions comme une volée de moineaux effrayés sous l'ombre du faucon. Les Allemands ont énormément amélioré et développé le bras aérien et, malheureusement, nos ·75 sont incapables de toucher les avions, la mobilité du canon sur l'affût n'étant pas suffisante. Il est nécessaire de creuser un trou pour la bêche, et avant que cela soit terminé, la machine est toujours hors de portée.

L'aviateur qui venait de nous survoler avait lancé une étoile pour marquer la situation d'une de nos batteries en position sur les hauteurs dominant le fleuve. Les canons s'éloignèrent aussitôt et prirent une nouvelle position ailleurs. Peu après, des obus commencèrent à tomber sur la colline qu'ils occupaient, des obus énormes qui faisaient trembler la terre à des kilomètres à la ronde et desséchaient l'herbe de leur fumée sale et âcre.

"Je suppose que ce sont les fameux obus de 22 cm", dit le capitaine.

Nous n'avions rien à faire. Vers Stenay, l'horizon était désert et immobile. Pendant plusieurs heures, de lourds obus continuèrent de tomber par trois, faisant des trous noirs dans les vertes prairies où il ne restait plus personne. Nous étions évidemment à portée des canons d'où ils tiraient, et nous n'avions aucune garantie que nous ne serions pas touchés si l'ennemi augmentait un peu son feu.

J'ai été frappé par la merveilleuse faculté d'adaptabilité qui constitue la base de la nature humaine. On s'habitue au danger comme on s'habitue aux privations les plus cruelles ou à l'incertitude du lendemain.

Avant la guerre, je me demandais comment des vieillards proches des limites extrêmes de l'existence pouvaient continuer à vivre tranquillement dans l'ombre imminente de la mort. Mais maintenant je comprends. Le risque de mort est devenu pour nous un élément de la vie quotidienne avec lequel on compte froidement, qui n'étonne plus et qui terrifie moins. Par ailleurs, le quotidien d'un soldat est une école de courage. La familiarité avec les mêmes dangers finit par laisser l'animal humain de marbre. Les nerfs ne tremblent plus ; l'effort conscient et constant pour garder le contrôle de soi finit par réussir. C'est là le secret de tout courage militaire. Les hommes ne naissent pas courageux ; ils deviennent courageux. L'instinct de conquête est plus ou moins résistant, c'est tout. Il faut d'ailleurs vivre, sur les champs de bataille comme ailleurs ; il faut s'habituer à cette nouvelle existence, aussi périlleuse ou dure soit-elle. Et ce qui rend cela difficile, voire intolérable, c'est la peur, la peur qui étouffe et paralyse. Il faut le conquérir et, finalement, on le conquiert.

Outre la nécessité de vivre au mieux, les plus grands facteurs disciplinaires dans la vie d'un soldat sous le feu sont le sens du devoir et le respect de l'opinion d'autrui, en un mot, l'honneur. Ce n'est pas une découverte ; c'est simplement une opinion personnelle.

Il faut avouer aussi que cet entraînement au courage est bien plus facile pour nous que pour les fantassins, les moins chanceux de toutes les forces combattantes. Un tireur sous le feu est littéralement incapable de s'enfuir. Toute la batterie le verrait : son déshonneur serait palpable, irréparable. Or, la peur, dans ses manifestations les plus aiguës, me semble nécessairement impliquer l'anéantissement de la volonté. Un homme incapable de se maîtriser suffisamment pour affronter courageusement le danger sera, dans la majorité des cas, également incapable d'affronter la honte intolérable de la fuite publique. Un tel vol nécessiterait un exercice de volonté, presque une sorte de bravoure. Le fantassin est souvent isolé sous le feu ; lorsque les balles d'obus bourdonnent au-dessus de lui, un homme allongé à quatre mètres d'un autre est pratiquement seul. Le souci de sa propre sécurité monopolise toutes ses facultés et il peut succomber à la tentation de s'arrêter et de se coucher, ou de se faufiler sur le côté puis de prendre la fuite. Lorsqu'il rejoint sa compagnie le soir, il peut déclarer qu'il a perdu son escouade ou qu'il a combattu ailleurs. Peut-être qu'on ne le croit pas, et peut-être qu'il savait d'avance que personne ne le croirait ; mais au moins il aura échappé à l'intolérable ignominie de s'enfuir aux yeux de tous.

Rester sous le feu des tirs n'est en aucun cas facile, mais rester calme dans le feu d'un engagement moderne est encore plus difficile. Au début, la peur fait transpirer et trembler. C'est irrésistible. La mort semble inévitable. Le danger est inconnu et est mille fois amplifié par l'imagination. On ne cherche pas à l'analyser. L'éclatement des obus et leur fumée âcre ainsi que les éclats d'obus sont les principales causes du premier sentiment de terreur. Et pourtant, ni les éclairs de mélinite, ni le bruit des explosions, ni la fumée ne sont le véritable danger ; mais ils accompagnent le danger, et d'abord l'un est attaqué par tous les trois à la fois. Mais très vite, on apprend à faire preuve de discernement. La fumée est inoffensive et le sifflement des obus indique dans quelle direction ils viennent. On ne s'accroupit plus inutilement, et on ne cherche refuge qu'en connaissance de cause, lorsque cela est impératif. Le danger ne maîtrise plus mais est maîtrisé. C'est la grande différence.

Afin de me faire une idée exacte des effets d'un obus, j'allai avec Hutin examiner un champ plein de topinambours dans lequel venait de tomber un lourd projectile. Au centre du champ, nous trouvâmes un trou en forme d'entonnoir d'une dizaine de mètres de diamètre, si régulier de forme qu'il ne pouvait avoir été creusé que par un obus d'obusier. Ce genre de projectile frappe le sol presque perpendiculairement et s'enfonce profondément dans le sol mou, projetant d'énormes quantités de terre en éclatant. De nombreux éclats d'acier se perdent dans les profondeurs du sol, et le cône meurtrier de dispersion s'en trouve réduit d'autant.

La vérité peut être facilement confirmée. Dans le cas présent, plus on s'éloignait du trou, plus le point où les artichauts avaient été tondus était haut, et à une douzaine de pas environ du bord du cratère, les éclats n'avaient atteint que la tête des tiges les plus hautes. Il s'ensuit donc qu'un homme se trouvant très près du point d'impact n'aurait probablement pas été touché. Vient ensuite une zone circulaire entièrement indemne, mais un peu plus loin, les balles qui tombent et les éclats ont arraché les feuilles et les tiges, et un homme couché ici aurait risqué autant que s'il était resté debout.

Lorsqu'on l'examine ainsi froidement, un obus perd une grande partie de son effet moral.

L'organisation même de l'artillerie stimule également le courage du tireur. Le fantassin, le cavalier et le sapeur sont des unités à part entière, alors que pour nous la seule unité est le canon. Les sept hommes qui le servent sont les organes étroitement liés et interdépendants d'une chose qui devient vivante : le fusil en action.

En raison des liens qui existent entre les sept hommes entre eux et entre chacun d'eux et le fusil, toute pusillanimité est rendue plus évidente, ses conséquences bien plus grandes et la honte qu'elle entraîne avec elle plus écrasante. D'ailleurs, dans cette solidarité complète, les effluves qui créent la contagion psychologique se développent facilement ; un ou deux artilleurs qui restent résolument et calmement à leur poste sont souvent capables d'inspirer du courage à tout le détachement.

Aujourd'hui, c'était une journée de calme absolu. Du côté de Tailly et de Stenay, rien ne révélait la présence de l'ennemi.

Le soir approchant, nous fûmes de nouveau envoyés camper de l'autre côté du bois. Il y avait un magnifique coucher de soleil d'été et, à travers les profondeurs sombres des arbres, la route ouvrait une avenue mystérieuse au bout de laquelle brillait un ciel occidental aux teintes plus variées qu'un arc-en-ciel.

Tout bruit de bataille avait cessé. Petit à petit, le ciel s'assombrit et la nuit tomba. Comme hier, l'artillerie roulait monotone à travers les bois sombres.

Une à une, les étoiles étaient voilées par une brume montante, et le ciel devenait opalescent d'une luminosité nocturne qui inondait les étendues de forêt, que, depuis les crêtes des collines, on voyait monter et descendre à perte de vue. atteindre. Mais sous les arbres, l'obscurité était intense, et la route eût semblé une tranchée creusée profondément dans la terre elle-même, sans un bivouac d'infanterie occasionnel, dont les braises brillaient faiblement à travers les broussailles, et sans un parfum humide de menthe et d'autres choses. les herbes qui montaient des sous-bois sombres se mêlaient à une certaine odeur sensuelle d'animalité. Nous étions entourés d'une délicieuse fraîcheur dont nous remplissions nos poumons et qui nous faisait légèrement frissonner.

Millon, qui était assis à côté de moi sur le caisson, m'a raconté sa vie. C'était une histoire triste et simple. A peine âgé de vingt ans, avec son visage de jeune fille et ses yeux espiègles mais infantiles, il avait pourtant longtemps été le soutien de famille d'une famille, et maintenant sa mère – « ma vieille mère », comme il le disait sur un ton plein d'affection profonde – était laissée pour compte. seul à Paris avec un autre enfant, encore très jeune, dont la constitution délicate et les nerfs très tendus étaient la cause d'une inquiétude continuelle. Il me raconta les malheurs passés encore frais dans sa mémoire, l'inquiétude présente des siens à Paris et les soucis matériels.

" Ah, " soupira-t-il, " si seulement ma vieille mère pouvait me voir ce soir, sain et sauf sur le fauteuil ! "

Dans le champ où s'arrêtait la batterie, il fallut presque se battre pour avoir quelques brassées de paille. Les artilleurs d'une batterie arrivée avant nous s'étaient étendus au hasard sur une meule de foin tombée. Ils avaient vingt fois plus de paille que ce dont ils avaient besoin, mais quand nous essayions d'en tirer un peu sous eux, le réveil des dormeurs surmenés était terrifiant. Ils criaient, injuriaient et menaçaient. Finalement, ils se rendormirent en grognant et en grognant dans leur barbe comme une meute de chiens hargneux.

Lundi 31 août

Les canons nous réveillèrent de bonne heure et nous nous préparâmes à retourner à la rencontre de l'ennemi. Vers sept heures, nous nous retrouvions à Tailly, où nous apprenions que la veille l'ennemi avait été repoussé jusqu'à la Meuse, et que Beauclair et Halles étaient désormais entièrement aux mains des Français.

Debout en colonne de route dans le village nous attendions les ordres. L'artillerie allemande commença à bombarder les collines voisines.

Sur la place du marché se trouvait une charrette à foin dans laquelle gisaient trois uhlans blessés. Un officier, les mains derrière le dos, se promenait de long en large devant la charrette. Des femmes et des enfants se tenaient en groupe autour d'eux, contemplant silencieusement les Allemands. Un ou deux artilleurs les rejoignirent par curiosité. Les uhlans les regardaient avec des yeux bleus tristes et troublés.

"Ils ne sont pas aussi laids que j'aurais dû le penser", a déclaré Tuvache.

"Non?" dit Millon. "Je suppose que tu pensais qu'ils avaient un troisième œil au milieu du front, comme les habitants de la lune !"

Tuvache haussa les épaules :

"Non, seulement j'avais l'impression qu'ils étaient plus laids. Ils n'ont pas l'air si mal que ça !"

Il y a eu de violents combats ce matin dans la Trouée Beauclair, par lesquels l'ennemi a tenté de se frayer un passage. Le vacarme incessant de la bataille résonnait de loin comme la marée montante battant sur un rivage rocheux.

"En avant ! Trottez !"

Après avoir parcouru environ trois cents mètres sur la route de Beauclair, nous nous arrêtâmes de nouveau. Des soldats revenaient des lignes, certains blessés aux mains ou aux bras, d'autres aux épaules. Tous étaient bandés. Ils se sont arrêtés pour nous demander de l'eau ou des cigarettes, et nous avons échangé quelques mots avec eux :

"Est-ce qu'on avance ?"

"Non, mais nous tenons bon. Ce sont leurs mitrailleuses qui posent problème. Elles sont tout simplement horribles !"

"Etes-vous souffrant?"

"Non!"

"Qu'est-ce que ça fait, une balle ?"

"Ça brûle un peu, mais ça ne fait pas très mal."

D'autres, blessés à la jambe, commencèrent à passer. Ceux-ci souffraient manifestement énormément. Ils transpiraient de fatigue et de chaleur, car le soleil, maintenant au zénith, tapait droit dans le creux où serpentait la route. Beaucoup se aidaient à l'aide de bâtons coupés dans les haies.

Passait un cheval d'officier, conduit par un brancardier et portant un fantassin dont la cuisse avait été brisée par un obus. Le blessé tenait la crinière de l'animal à deux mains, sa jambe droite pendante, impuissante. Juste au-dessus du genou, il y avait une déchirure dans sa culotte par laquelle le sang coulait librement, coulait jusqu'à sa botte et coulait de là jusqu'au sol. Ses yeux étaient fermés et ses paupières injectées de sang, ses lèvres pâles et la barbe rouge qui recouvrait ses longues mâchoires osseuses le faisaient ressembler à un crucifié.

"Peux-tu tenir le coup ?" demanda le brancardier.

« Sommes-nous encore loin de l'ambulance ?

"Non, pas loin maintenant. Si tu te sens faible, fais-le-moi savoir et je te rabaisserai. Est-ce que ça fait très mal ?"

"Oui, et ça saigne... Regarde le sang sur la route !"

"Ce n'est rien. Accroche-toi à la crinière !"

Une ambulance est passée pleine de blessés graves. Au lieu d'être déposés, ils avaient été calés contre les côtés du chariot pour qu'il puisse tenir davantage. Sous l'inclinaison verte, j'aperçus un homme au visage couleur de marbre blanc, dont la tête roulait sur ses épaules, et un autre qui ruisselait de sang. Un caporal énorme et basané partageait la loge avec le chauffeur. Son fusil entre les genoux et une main sur la hanche, il était assis bien droit, l'air grave et déterminé, la tête enveloppée dans un turban de peluche cramoisie. Le sang coulait dans son œil droit, qui, dans son orbite bordée de rouge, paraissait étrangement blanc, et de là coulait le long de sa moustache tombante, emmêlant les poils de sa barbe, pour finalement tomber sur sa large poitrine en éclaboussures et ruisseaux noirs. .

Un des blessés qui attendait depuis longtemps, assis au bord de la route, s'accrocha à une voiture qui l'entraînait.

« S'il vous plaît, arrêtez-vous et laissez-moi me lever ! »

"Nous n'avons plus de place, j'en ai peur !"

"Je ne peux pas marcher."

"Mais comme vous le voyez, nous sommes complets !"

"Je ne peux pas monter sur la marche ?"

"Oui, si tu peux y arriver !"

Mais le véhicule continuait à rouler. Un tireur a aidé l'homme à monter sur la marche.

Au bout d'un chemin creux, à l'ombre de quelques hauts peupliers au feuillage dense que le soleil ne pénétrait que par endroits, deux officiers du Corps de Santé avaient improvisé une sorte de table d'opération sur tréteaux. Quelques blessés étendus sur la pente attendaient leur tour pour être pansés. Parmi les pierres, un mince filet d'eau de couleur sombre coulait, emportant partiellement les mares de sang et les morceaux de coton et de lin tachés de rouge. L'air était imprégné d'une odeur fade comme celle d'une pharmacie, mêlée à l'odeur moite de l'eau courante.

Un capitaine était élevé sur une civière aux deux côtés de laquelle ses bras pendaient mollement. Un infirmier lui a coupé les manches de sa tunique, puis il a été placé sur la table d'opération. Il était laid à voir alors qu'il était allongé là, avec ses bras nus tachés de sang et sa tunique bleue sans manches encerclant son corps. Pendant qu'on pansait ses blessures, il poussa de longs soupirs de douleur.

"C'est vrai, à propos de la roue !"

Nous abordons une forte pente à travers champs pour prendre position sur les hauteurs qui surplombent Beauclair Gap et la route que nous venons de quitter. La batterie était adossée à un éperon des collines qui cachait Tailly aux regards, à l'exception de la flèche du clocher, surmontée d'une girouette, qui semblait sortir de terre derrière nous.

Dans cette position, nous étions visibles de l'ennemi à travers la brèche en forme de V entre les collines dominant la Meuse. Nous pouvions voir les bois et les champs au-delà de Beauclair occupés par les Allemands et que les batteries françaises devant nous couvraient d'obus d'obus derrière les crêtes qui nous abritaient. Dans les champs au loin, l'infanterie allemande débouchant des bois ressemblait à une armée d'insectes noirs sur une pelouse d'un vert éclatant. Nous ouvrons aussitôt le feu, et sous nos obus l'ennemi regagne en toute hâte les bois, que nous commençons alors à bombarder.

L'action semblait se dérouler favorablement pour nous ce matin. Quelques batteries françaises s'étaient avancées par la route de Beauclair et étaient désormais engagées dans la brèche. Sur les collines qui nous entouraient en demi-cercle, d'autres batteries qui, comme la nôtre, avaient pris position sur la contre-pente, et d'autres encore plus loin, près des collines directement au-dessus de la Meuse, tonnaient sans cesse, la position des canons invisibles étant révélée par les nuages. de poussière et d'éclairs de feu apparaissant sur la verdure. Le tir de ces batteries fut si violent que peu à peu l'air se trouble. Une atmosphère âcre de fumée et de poussière envahissait la vallée, dont les échos innombrables multipliaient le rugissement des canons tandis que les ondes sonores se rencontraient et s'entremêlaient. Nous étions entourés d'un bourdonnement fort et continu qui nous assourdissait et paralysait presque nos autres sens.

« Cessez de tirer ! »

Les détachements s'immobilisèrent autour des canons. Il était déjà midi.

Soudain, l'ennemi commença à bombarder Tailly et les pinèdes qui commandaient notre position. Quelques aviateurs qui attendaient depuis le petit matin à l'orée du bois s'éloignèrent précipitamment. Une section d'infanterie a émergé de la fumée d'un obus hautement explosif.

« Mettez-vous à couvert ! ordonna le capitaine de Brisoult.

Le feu de l'artillerie française ralentit progressivement. Une volée d'obus éclata au-dessus de la vallée où nos équipes nous attendaient, et une mèche retentit haut et fort dans l'air. Personne ne semblait blessé. Les limbers, immobiles au soleil, dessinaient un carré noir sur l'herbe.

L'ennemi parut avoir enregistré la position d'une batterie installée de l'autre côté de la pinède, et, sous une pluie parfaite d'obus, les canons furent ramenés un à un à travers les bois.

Hutin, qui s'était abrité derrière le bouclier, se leva brusquement pour voir. Il croisa les bras.

"Oui c'est ça!" grogna-t-il.

"Qu'est-ce qu'il y a ? Mais cache-toi !"

"C'est ça ! Retraite ! Oh, mon Dieu !"

Je me suis également levé. Effectivement, des sections d'infanterie franchissaient les crêtes et reculaient.

« Mettez-vous à l'abri, idiots ! cria Bréjard.

Un obus est tombé. Les éclats sifflaient dans l'air et la terre déplacée crépitait autour de nous sur le champ sec. Je m'étais baissé instinctivement, mais Hutin n'avait pas bougé, trop occupé à observer la retraite de l'infanterie, qui devenait de moment en moment plus générale.

"Voilà," dit-il, "maintenant ce sera notre tour... Je parie... que nous prendrons notre retraite aussi... Voici un ADC qui arrive... Oh, si nous partons toujours pour prendre sa retraite comme ça, autant prendre le train !"

Comme il l'avait soupçonné, l'ADC nous a donné l'ordre de battre en retraite. Les équipes remontèrent la pente au trot pour rejoindre les canons. Le moment était critique et, par malheur, le premier canon, en position sur la contre-pente, commença à rouler vers le bas dès que la bêche, solidement enfoncée dans le sol par le recul, eut été tirée. dehors. Il nous fallut huit personnes pour retirer le canon, et à chaque instant nous nous demandions si nous réussirions à assembler le train. Les cochers commençaient à perdre leur sang-froid et faisaient reculer les chevaux au hasard, d'un côté et de l'autre.

"Maintenant, tous ensemble... Whoa, là, whoa !... Calme !... Whoa de retour !"

Une dernière traction, et nous nous sommes assouplis.

"Prêt!"

L'équipe a commencé.

Au-delà du village de Tailly, la colline qu'il fallait gravir pour atteindre le plateau était très raide, surtout là où la route longeait le mur de pierre du cimetière.

Quelques fantassins stationnés des deux côtés du chemin avaient enlevé leurs sacs et empilé les armes. Assis dans l'herbe, ils nous regardaient passer avec cet air absent et stupéfait propre aux hommes qui reviennent du feu. Soudain, un éclat d'obus, dont l'approche sifflante avait été noyée par le grondement des véhicules, éclata au-dessus du cimetière. Certains soldats ont immédiatement plongé dans le fossé, tandis que d'autres sont tombés à genoux près du mur, se protégeant la tête avec leurs sacs. Deux hommes, restés debout, cachèrent bêtement leur tête dans l'épaisse haie. Sur les limbers, nous courbions les épaules et les cochers fouettaient les chevaux.

À un moment donné, la route était visible pour l'ennemi, mais lorsque nous l'avons découvert, il était déjà trop tard pour s'arrêter.

Une volée d'obus... Fini ! Nous nous en étions échappés d'un cheveu.

Nous nous rangâmes prêts à l'action dans la même position que la veille, dominant les crêtes voisines, où les hauts peupliers servaient de points de visée. La troisième batterie, qui était avec nous le samedi, avait ouvert ici de belles tranchées. Mais à peine les avant-trains avaient-ils eu le temps de se ranger à l'orée d'un bosquet qu'un obus hautement explosif commença à tomber autour de nous.

Comment l'ennemi avait-il pu découvrir notre nouvelle position ? Nous étions soigneusement couverts et lui étions invisibles de tous côtés, et nous n'avions pas encore tiré un seul coup de feu, de sorte que notre présence n'avait pas été trahie par de la fumée ou des éclairs. Aucun avion n'était dans le ciel. Alors, comment avions-nous été vus ?...

Nous nous sommes abrités dans les tranchées.

"Ce n'est pas sur nous qu'ils tirent", dit Hutin.

"Alors sur quoi tirent-ils ?"

"Je pense que nous devons remercier ces gros vieux dragons qu'ils ont vu passer sur la route pour ça ! Ils visent la route."

Mais les dragons s'éloignaient de plus en plus, et l'ennemi continuait de tirer dans notre direction. Il ne faisait aucun doute qu'il savait qu'il y avait une batterie en place ici. Avons-nous été trahis au signal d'un espion caché quelque part derrière nous ? J'ai soigneusement scruté le pays environnant, mais je n'ai rien vu.

Quelques obus tombèrent à quelques mètres des canons, étouffant la batterie de fumée et de poussière et nous ébranlant au fond de nos tranchées. J'entendis le major crier :

« Mettez-vous à l'abri à droite !

Pendant que le capitaine et le lieutenant restaient à leurs postes d'observation, les artilleurs s'éloignèrent en toute hâte de la ligne de tir des obusiers. Mais tandis que nous courions sur la route à travers champs, à la vue de l'ennemi, un état-major passa. J'ai été pris d'une colère soudaine. Les cavaliers nous feraient tuer ! Le groupe était composé d'une vingtaine d'officiers au centre desquels se trouvait un général, un petit homme maigre aux cheveux gris. Une troupe aux couleurs gaies de chasseurs bleus et rouges les suivait. Le cri des obus qui approchaient se fit immédiatement entendre et résonna longtemps dans l'air. Les chasseurs et les officiers saluèrent, mais le petit général ne fit aucun mouvement. Cette fois, l'ennemi avait tiré trop bas.

« À vos armes ! »

Le Capitaine crut avoir découvert la batterie qui nous bombardait :

"Couches!" il a appelé.

Fébrilement, sous les obus, nous nous préparons à l'action.

"Échelon à quinze. Premier canon, cent cinquante; deuxième canon, cent soixante-cinq... Troisièmement..."

Les poseurs de fusibles ont répété le correcteur et la portée.

"Seize... Trois mille cinq cents..."

"Par trois, traversez ! Par la droite, chaque batterie !..."

"Premier coup de feu... feu !... Deuxième..."

Les mouvements rapides du service des canons nous électrisaient. Dans le vacarme assourdissant de la batterie en pleine action, il fallait crier des ordres. Nous n'entendions plus les canons de l'ennemi ; ils furent réduits au silence par le rugissement du nôtre. Nous avons oublié les éclats d'obus, qui ont néanmoins continué à tomber.

Soudain, le feu des obusiers ralentit, puis cessa.

"Ils sont touchés !" » dit Hutin en se penchant sur l'équipement de visée.

"Feu!" » a répondu le n°1.

"Prêt!"

"Feu feu!..."

Sur le plateau derrière nous, les compagnies se retiraient en ordre prolongé.

La nuit est tombée. Nous avons également reçu des ordres de retraite. Il semblait que la terre et les bois absorbaient ce qui restait de lumière. Les mouvements de l'infanterie au loin se perdaient dans les ondulations du terrain. Les hommes semblaient s'incorporer aux champs, puis se dissoudre, disparaissant de la vue.

Près d'un sombre cratère d'obus se trouvait un tas rouge. Un soldat gisait allongé sur le dos, une de ses jambes arrachée par un obus, laissant un moignon déchiré, rouge bleuté, par lequel il s'était vidé ses veines. Les feuilles de luzerne et la terre sous lui étaient collées ensemble avec du sang. La tête de l'homme avait été rejetée en arrière dans son agonie, et la pomme d'Adam dépassait au milieu des muscles distendus de son cou. Ses yeux vitreux étaient grands ouverts et ses lèvres d'un blanc immaculé. Il tenait toujours son fusil cassé et son képi avait roulé sous son épaule.

mardi 1er septembre

Une longue marche nocturne. Il était plus d'une heure du matin quand enfin nous nous arrêtâmes, et il nous restait à préparer notre soupe, à abreuver les chevaux et à leur donner l'avoine. Cela fait, nous tombâmes dans un profond sommeil.

Vers quatre heures, le sergent de service est venu nous secouer un à un. Il fut accueilli par des grognements.

"Alarme!"

"Quelle misère ! On ne peut même pas dormir une heure !"

C'était une véritable torture de garder les yeux ouverts. Nos membres étaient raides, nos têtes lourdes et nos reins nous faisaient mal. Le temps était brumeux et froid.

Nous grimpâmes sur les ailes et partîmes. L'engourdissement s'empara aussitôt de nos pieds puis de nos genoux, augmentant rapidement. Nos têtes ont roulé d'un côté à l'autre et nous avons progressivement perdu connaissance. Certains conducteurs dormaient sur leurs chevaux. Ils glissèrent de plus en plus sur le côté et, au moment où ils étaient sur le point de tomber, furent réveillés par instinct et se redressèrent sur la selle. Mais un instant après, on pouvait les voir à travers l'obscurité, s'apaisant à nouveau et glissant progressivement, glissant…

Où allions-nous ? Peut-être l'armée avait-elle été obligée de se replier au-dessous de Verdun, parce que l'ennemi, qui avait sans doute pris pied sur les collines de la rive gauche de la Meuse, près de Stenay, menaçait son flanc gauche. Mais nous ne savions rien de certain, et nous étions trop fatigués pour réfléchir, trop fatigués même pour avoir peur ! Le seul désir de chacun était de dormir toute la journée.

Au point du jour, nous nous arrêtâmes près de Landres, dans un champ en pente plein de pruniers. Sauf contre-ordre, nous devions y rester et nous reposer vingt-quatre heures.

Nous avons allumé du feu et commencé à secouer les pruniers.

Soudain un cri éclata :

"Le maître de poste !"

Un cri rauque, presque sauvage, répondit, et les hommes assaillirent littéralement le sous-officier qui transportait un sac plein de lettres.

Enfin des nouvelles ! Certaines lettres étaient en route depuis quinze jours ; les nôtres, semblait-il, n'étaient pas livrés. Dans quelle inquiétude les gens étaient à la maison !

Après avoir lu notre correspondance, Hutin m'a appelé :

"Tu viens laver ton linge ?"

"Oui."

Nous avons accroché nos tuniques aux branches basses des pruniers et, la chemise sous les bras et le corps nu à l'exception de nos bretelles, nous sommes descendus jusqu'à la rivière.

Nous avons passé une matinée tranquille à manger, fumer et écrire. A midi, les détonations brèves et aiguës des ·75 commencèrent à retentir sur la chaîne de collines suivante. A une heure, nous recevons l'ordre d'avancer et de soutenir un groupe d'artillerie engagé sur les hauteurs au nord de Landres.

A peine avions-nous pris position qu'un avion nous survolait. Une machine allemande, évidemment ; jusqu'à présent, nous n'en avions pas vu d'autres. Presque aussitôt après, les obus commencèrent à tomber autour de nous, mais là encore, comme par miracle, la batterie resta indemne au milieu des éclats d'obus et de la fumée de mélinite. Mais cela n'arrivera pas toujours !

Ah ! si j'échappe à l'hécatombe, comme j'apprécierai la vie ! Je n'aurais jamais imaginé qu'il puisse y avoir une joie intense à respirer, à ouvrir les yeux à la lumière, à se laisser pénétrer, à avoir chaud, à avoir froid, voire à souffrir. Je pensais que seules certaines heures avaient de la valeur et je laissais passer les autres sans y penser. Si je vois la fin de cette guerre, je saurai sucer chaque instant tout son plaisir, et sentir chaque seconde de vie qui passe, comme une eau délicieusement fraîche qui coule entre les doigts. J'ai presque l'impression que je vais continuellement m'arrêter, interrompre une phrase ou suspendre un geste, et me répéter encore et encore : « Je vis ! Je vis !

Et dire que dans quelques instants peut-être, je ne serai plus qu'un amas informe de chair saignante au fond d'un trou d'obus !

Il n'y avait rien à faire sous les tirs d'obus. Le capitaine surveillait la plaine avec un calme exaspérant.

Bientôt l'ennemi augmenta sa portée, et les obus passèrent au-dessus et éclatèrent dans la vallée, sur une route où l'on voyait les premières files de chariots partir au galop dans d'épais nuages de poussière.

Les commandes arrivèrent.... Nous devions rentrer à Landres.

Un trou profond avait été creusé dans la route par un obus, et à proximité gisaient les restes hachés d'un cheval, un corps décapité et sans membres. La tête, couchée au bord du fossé, et apparemment intacte, semblait regarder ce corps avec une expression surprise dans ses grands yeux encore clairs. Un lambeau de chair et de peau de châtaignier avait été projeté au sommet d'une pente voisine. Le cratère d'obus, dans lequel reposaient les intestins entourés d'un sang violet noircissant rapidement au soleil, exhalait une odeur de pourriture et d'excréments, une odeur nauséabonde qui faillit nous rendre malade.

Il semblait que le sous-officier supérieur qui montait ce cheval s'en était sorti sans une égratignure.

Un régiment de chasseurs descendait lentement la haute colline qui domine Landres au nord-est.

Le soleil couchant n'éclairait plus les profondeurs de la vallée où nous avions garé nos canons, mais il éclairait par contre plus magnifiquement la pente raide où descendaient en bon ordre les escadrons rouges et bleus, leurs sabres tirés scintillant dans le ciel. magnifique lumière de couleur orange. Les chasseurs passèrent près de nous, puis remontèrent le versant opposé de la vallée vers le soleil dont le disque rouge pointait encore au sommet de la colline. Alors qu'ils franchissaient le sommet, les cavaliers se découpèrent un instant sur l'horizon.

J'étais fatigué et, malgré mes efforts, je commençais à m'endormir. J'avais l'impression que, pour rester éveillé, je devais adopter l'attitude des sentinelles d'antan : un doigt levé qui commande le silence.

mercredi 2 septembre

La nuit dernière, les chevaux n'étaient pas dételés, et nous-mêmes avons dormi à peine quatre heures sur le sol nu, où il est si difficile de se reposer convenablement.

Il faisait encore nuit lorsque nous repartîmes, sur une route bordée de bois denses. La nuit était sombre et remplie d'ombres grises étranges projetées par les premiers rayons presque imperceptibles de l'aube pâle. Je somnolais sur le wagon de munitions tremblant, auquel on s'habitue après un certain temps, lorsque je fus réveillé par le crépitement du bois brisé et le bruit sourd d'une chute. J'ai regardé autour de moi, mais je n'ai rien vu. Puis, à travers le grondement des roues, il me sembla entendre un cri plaintif mêlé de sanglots. Oui... J'entendais maintenant distinctement la voix claire d'une petite fille qui appelait :

"Mère mère!"

Sur un tas de pierres au bord de la route, je pouvais maintenant apercevoir la roue d'une charrette renversée, une forme humaine à terre, et autour d'elle les ombres d'enfants agenouillés.

Encore quelques sanglots ; puis la petite voix appela encore :

"Mère ! Mère !... Oh, mère, réponds !"

La colonne continue sa route. Un cri convulsif et déchirant, sortant d'une gorge étranglée par l'angoisse, semblait résonner dans ma poitrine :

"Mère!"

Nous aurions aimé nous arrêter, nous renseigner et aider si nous le pouvions. Il y avait plusieurs enfants. Leur mère s'était-elle évanouie ? Peut-être. Y avait-il un homme avec eux ? Et si ce n'était pas le cas !... J'étais terriblement tenté de sauter du wagon de munitions et de reculer en courant, mais je savais que je ne pourrais pas rejoindre la batterie. Un cavalier descendit de cheval en disant :

"J'arrêterai le médecin quand il arrivera... On vous rattrapera au trot !"

Nous étions poursuivis par la colonne qui marchait lentement. L'horreur de ce qui s'était passé au bord de la route était si grande que je restai éveillé malgré ma lassitude et vis le jour entrer lentement. Je pense que j'entendrai toujours cette petite voix qui criait : « Mère ! et le bruit des sanglots des enfants dans l'aube grise.

En arrivant sur la route principale, nous dûmes nous arrêter et laisser passer l'infanterie de la 7e Division. Le corps d'armée prenait sa retraite. Quelqu'un a dit que nous allions prendre le train.

Pour entraîner! Pourquoi? Pour aller où? Il parut que nous avions été relevés sur la Meuse par des troupes fraîches et que le 4e corps allait être reformé.

Nous allions donc nous reposer, dormir ! Mais nous avions entendu cela si souvent au cours des huit derniers jours ! Pouvait-on le croire ? Et pourtant, cela doit être vrai, car cette partie du pays ne serait sûrement pas laissée sans défense.

Sur la route, vague après vague, avec le bruit bruissant des écluses ouvertes, bataillon se succédait. Les soldats semblaient plutôt joyeux ; il y en avait même qui chantaient.

La 101e infanterie est passée par là.

"Est-ce que la 102ème est derrière toi ?" demanda Touvache.

"Oui."

"Je demande parce que mon frère est dedans."

La longue colonne continue de défiler. Enfin, quelques minutes plus tard, le frère arriva.

"Salut ! Tuvache !"

L'un des hommes se retourna :

"Bonjour ! C'est toi !"

Les deux frères se sont simplement serré la main, mais leur joie de se retrouver se lisait dans leurs yeux.

"Alors tu vas bien ?"

"Oui et vous?"

"Comme vous le voyez... très bien."

"Je suis heureux...."

« Vous aviez des nouvelles de chez vous ?

"Oui, hier. Ils vont tous bien, et ils m'ont dit de te donner leur amour si je te voyais, et de te donner la moitié du mandat qu'ils m'ont envoyé."

Le soldat fouilla dans sa poche.

"La seule chose, c'est que je n'ai pas réussi à joindre le maître de poste pour l'encaisser. Mais si vous le voulez..."

"Non, tu le gardes ! J'ai plus d'argent que je ne veux."

"Très bien alors. Oncle et tante m'ont envoyé leur amour... Bonjour ! Je ne dois pas perdre ma compagnie.... Je crois que nous allons nous reposer un peu...."

"Ils le disent. Dans ce cas, nous nous reverrons bientôt... A bientôt !"

Leurs mains se rencontrèrent. Le fantassin fit un pas en avant.

"Je leur dirai que je t'ai vu quand j'écrirai."

"Oui, moi aussi !"

L'homme poursuivit sa course, se frayant un chemin à travers les rangs. Parfois, nous voyions sa main levée au-dessus des têtes, nous faisant un signe d'au revoir.

A la suite des régiments de la 7e Division, nous commençons une marche d'une lenteur exaspérante. Il faisait très chaud et la poussière soulevée par l'infanterie nous étouffait et nous étouffait. De temps en temps, au bord du chemin, des chevaux morts gisaient.

En arrivant à Châtel, nous tournâmes à gauche sur un chemin dégagé et pûmes enfin trotter. A travers les champs et les vallons, jusqu'à l'horizon, une longue ligne de poussière grise obscurcissant les arbres marquait la route de Varennes que suivait la division.

Il était midi, et il me sembla que nous avions dû faire dix ou douze milles depuis notre départ à l'aube. Mais tout à coup, nous entendîmes à nouveau les coups de feu, pas très loin, vers le nord-est.

Près du village d'Apremont, à la lisière de la forêt d'Argonne, dans laquelle la tête de notre colonne avait déjà pénétré, trois obus éclatèrent.

Alors l'ennemi nous suivait ! N'y avait-il personne pour l'arrêter ? n'avions-nous pas été remplacés ? Cela signifiait-il défaite... invasion... France ouverte ?

À la hauteur de notre colonne, des files de charrettes avançaient lourdement le long de la route. Toute la population fuyait l'ennemi : vieilles femmes, jeunes filles, mères allaitantes et nuées d'enfants. Ces malheureux petits sauvaient ce qu'ils avaient de plus précieux : leur existence ; les femmes et les filles – leur honneur, un peu d'argent, souvent un animal domestique, comme un chien, un chat ou un oiseau en cage...

Les plus pauvres étaient à pied. Une famille de quatre personnes se frayait un chemin à travers les bois, dirigée par un vieil homme aux traits soucieux. Il portait sur son épaule un bâton au bout duquel était attaché un grand panier en osier recouvert d'un tissu blanc. A ses côtés pendait un carnier rempli au maximum de sa capacité. Il était suivi le long de l'étroit sentier forestier par une jeune femme qui tenait d'une main une grosse vache rousse, tandis que de l'autre elle tenait en laisse un chien à poils hirsutes au moyen d'un mouchoir attaché à son collier. Une petite fille s'accrochait à ses jupes et se laissait entraîner. Derrière eux venait une vieille femme, courbée presque en deux par l'âge et par le poids d'un tonneau de vendangeur plein de linge qu'elle portait sur son dos. Elle boitait, s'appuyant lourdement sur un bâton.

Où allaient tous ces pauvres gens ? Beaucoup n'en avaient pas la moindre idée et l'ont avoué. Ils allaient droit devant eux, dans les régions de France que les Allemands ne pouvaient atteindre.

"A quoi ça sert de rester ?" » demanda un vieil homme d'un ton maussade. " Ils vont tout brûler quand même, et j'aime mieux me retrouver ruiné et sans toit ici, mais libre, plutôt que là-bas, où je devrais être aux mains des Allemands. D'ailleurs, j'ai ma fille en... il faut penser à la loi, la femme de mon fils, qui est artilleur comme vous. Elle est enceinte depuis sept mois, et quand elle a entendu le coup de feu hier, les douleurs sont apparues. Au début, j'ai cru qu'elle allait être accouchée ; mais ça s'est passé. Mais j'ai pensé qu'il valait mieux partir tout de suite. Ces bêtes d'Allemands qui violent et éventrent les femmes... qui sait s'ils auraient respecté son état ?... Hier soir nous avons trouvé une cabane de cantonnier. pour dormir, mais je ne sais pas ce que nous ferons ce soir... Et j'ai peur qu'elle ne tombe malade. En ce moment, elle dort dans la charrette, je dois veiller à ce qu'elle ne tombe pas malade. malade ! Mon fils l'a laissée à ma charge.

En désignant la direction que suivait notre colonne, j'ai demandé au vieil homme :

"Où mène cette route ?"

"Où?" » répondit-il, un regard courroucé lui venant soudain dans les yeux. "Eh bien, Châlons et Paris... toute la France !"

Et, secouant la tête, il ajouta amèrement :

"Oh mon Dieu!"

"Vous voyez, ils sont moitié moins nombreux que nous."

Il ne répondit pas immédiatement, mais après un moment ou deux, il dit :

"J'ai vu '70... C'est exactement la même chose qu'en '70."

La batterie continua jusqu'à ce que nous ayons traversé toute l'Argonne. A Servon, village à l'orée des bois, où l'infanterie faisait une longue halte, nous nous arrêtâmes quelques minutes. Il était deux heures.

Nous conduisîmes les chevaux jusqu'à l'abreuvoir, près d'un moulin, au bord de la verte Aisne. Les animaux pataugeaient jusqu'à hauteur de poitrine dans le ruisseau, où ils soufflaient et reniflaient, éclaboussant les hommes, qui, avec leurs pantalons retroussés, pagayaient eux aussi avec plaisir dans l'eau fraîche.

Enfin, près de Ville-sur-Tourbe, nous avons garé nos armes. Vraisemblablement, nous devions prendre le train le soir même à la gare voisine.

Les pressentiments qui m'avaient saisi le matin lorsque j'avais vu l'ennemi s'avancer derrière nous n'avaient en rien diminué. Allait-on s'entraîner et laisser la route ouverte aux envahisseurs ? Ne vont-ils pas encercler les troupes opérant en Belgique et celles qui avancent en Alsace ?... Mais les Français sont-ils toujours en Belgique et en Alsace ? Comme nous aurions souhaité connaître la vérité, quelle qu'elle soit !

Ce soir-là, les hommes étaient maussades et découragés, et tous étaient impatients d'échapper au service de fatigue. Déprez se trouvait de toutes parts confronté à la même bouderie et à la même apathie.

"Tuvache, va chercher de l'eau !"

"Mais j'y suis allé hier !... Cela fait plus d'un demi-mile !... Pourquoi certains des autres ne peuvent-ils pas avoir leur tour ?..."

"Eh bien, Laillé, tu y es allé hier ?"

"Non."

"Alors, c'est parti !"

"Oh, mais..."

"Je ne te demande pas ton avis, tu sais..."

"Certains d'entre eux ne partent jamais..."

"Je te le répète, va chercher de l'eau !"

"Eh bien, de toute façon, tu ne m'ordonneras rien d'autre après ?"

"Non."

Saisissant une poche d'eau en peau dans chaque main, Laillé s'affaissa, traînant les pas et courbant les épaules.

On nous a informé que nous n'allions pas prendre le train à Ville-sur-Tourbe.

Nous avons dû avaler notre soupe bouillante et manger la viande crue, après quoi nous sommes repartis dans le crépuscule cramoisi. Les réfugiés campaient dans les champs de chaque côté de la route, où ils s'étaient préparés à passer la nuit étendus sur la paille répandue sous leurs charrettes, ce qui ne leur offrirait qu'une faible protection contre le froid et la rosée du matin. Des nourrissons vêtus de longs vêtements dormaient dans des berceaux.

Nous marchions vers le sud. La lune s'était levée et, droit devant, brillait une étoile solitaire et magnifique. Bientôt nous atteignîmes une ville sombre et déserte, Sainte-Menehould, où il faisait trop sombre pour voir les noms des rues. La route était dans un état lamentable, les chevaux trébuchaient et les canons cahotaient. Les perspectives de rues abandonnées étaient prolongées par la lune... Enfin nous aperçumes devant nous le feu rouge d'une gare où, un instant, je crus que nous devions prendre le train. Mais nous ne nous sommes même pas arrêtés.

Sous le clair de lune pâle et jaune, qui agrandissait les distances, le pays s'étalait de nouveau en de longues vallées, où aucune troupe ne bougeait et où aucune sentinelle ne pouvait être vue.

jeudi 3 septembre

Vers minuit, nous nous arrêtâmes, et presque immédiatement après, les ordres arrivèrent. Nos instructions initiales étaient de repartir à l'aube, mais les ordres que nous avions sous la main étaient que nous devions rester ici. Nous avons donc pu dormir jusqu'à neuf heures passées.

Un flot incessant de réfugiés affluait désormais sur la route poussiéreuse.

Nous entendîmes de nouveau le bruit que nous avions été remplacés sur la Meuse par le 6e corps d'armée ; et que nous allions en Haute-Alsace sous le commandement du général d'Amade. Ce nom, très populaire, suscite l'enthousiasme général.

"Maintenant, ce sera différent !"

J'ai interrogé un Chasseur, un des aides-soignants du général Boëlle, mais ou cet homme ne savait rien, ou bien il ne voulait pas dire ce qu'il savait.

Les charrettes des réfugiés durent être alignées sur un côté de la route afin de laisser la place à l'infanterie du 2e corps d'armée arrivant de Clermont-en-Argonne et de Sainte-Menehould. Ces troupes semblaient avoir moins souffert que les régiments du 4e corps, mais elles n'avaient pas plus que nous la notion de leur destination. On parlait aussi de d'Amade, de succès dans le Nord et de victoires navales. Ils semblaient ignorer que les Allemands avançaient derrière nous. Mais avançaient-ils vraiment ? N'était-ce pas simplement une nouvelle répartition des troupes françaises ? Comme nous aurions souhaité que ce soit le cas !

Vendredi 4 septembre

Il faisait encore nuit lorsque nous levâmes le camp. Après une journée entière passée uniquement à manger et à dormir, nous aurions dû nous sentir bien reposés si nous n'avions pas été torturés par la diarrhée. Le médecin-conseil n'avait plus de bismuth ni d'élixir parégorique et nous n'avions d'autre choix que de mâcher de l'écorce de prunellier.

Les chevaux étaient encore plus épuisés que les hommes. Beaucoup avaient été légèrement blessés lors des combats de lundi et mardi, et leurs blessures suppuraient. Personne ne semblait s'en soucier, et ce n'était pas le pire, car certains d'entre eux durent subir les remèdes stupides appliqués par les conducteurs ignorants. J'ai vu un homme uriner sur le paturon de son cheval, qui avait été coupé par un éclat d'obus. Presque tous les animaux étaient boiteux à cause des coups de pied reçus la nuit, lorsque les piquets usés des étables s'endorment. Rarement sorties des traces et presque jamais dételées, les sangles, les croupières et surtout les croupières avaient fait sur elles de grosses plaies qui étaient couvertes à longueur de journée de mouches. Et, en plus de tout cela, les pauvres bêtes, comme les hommes, étaient affaiblies par des diarrhées incessantes.

Toute la matinée, nous marchâmes à travers Givry-en-Argonne, Sommeilles, Nettancourt et Brabant, les bornes étant d'abord marquées « Meuse », puis « Marne ». La poussière voilait à moitié les collines austères et régulières du beau pays ct les magnifiques étendues de la forêt d'Argonne qui s'inclinent vers l'est.

Vers midi, nous arrivâmes à Revigny-aux-Vaux, jolie petite ville aux murs blancs, entourée de champs et de pâturages, où nous garâmes nos fusils au bord de l'Ornain, près de la gare. Tandis que nous conduisions les chevaux jusqu'à la rivière, un homme habillé en artisan, assis au bord de la route, m'aborda :

"D'où venez-vous, les artilleurs ?"

"Des Hauts-de-Meuse, jusqu'à Dun et Stenay. Nous y avons été remplacés par des troupes fraîches."

« Remplacé ?

"Oui, disent-ils, par le 6e corps d'armée."

"Oh, c'est de la pourriture !... Tu viens de faire demi-tour !... Oui... simplement ça !... Tu sais où sont les Prussiens ?" ajouta-t-il en se levant.

Je me sentis glacé par une peur soudaine. La misère était clairement inscrite sur le visage osseux et émacié de cet individu. Lorsqu'il était assis, il ne paraissait pas si grand ni si mince.

Il étendit un long bras et, d'une main tremblante, désigna le nord-ouest.

"Ils sont juste à la sortie de Châlons, les Prussiens !"

J'ai haussé les épaules.

" Vous ne me croyez pas ? Eh bien, je viens de Châlons, un avion a largué une bombe sur la gare au moment où mon train partait. Et les Prussiens sont allés ailleurs aussi, si vous voulez savoir. Ils sont à Compiègne ! Entendez-vous ?... À Compiègne... c'est sûr, il n'y a qu'à demander... on vous le dira ici. Ils sont allés à Compiègne et ils ont pris La Fère en passant.

Je me mis à trembler, tout semblait tourner autour de moi, et un instant je crus que j'allais tomber. Instinctivement, j'enfonçai mes genoux dans les flancs de mon cheval et revins lentement au camp, le visage hagard et le cœur douloureux.

Hutin était là. Je l'ai regardé droit dans les yeux et j'ai dit lentement :

"Hutin ! Les Allemands sont à Compiègne !"

"Où?"

"A Compiègne !"

Il pâlit et haussa les épaules.

"Non!"

"Oui, à Compiègne !"

"Compiègne ! Compiègne ! Eh bien, c'est à moins de soixante milles de Paris ! Oh, mon Dieu !"

Nous nous sommes regardés.

"Qui les a laissés passer ?"

"Ceux du nord, je suppose."

"Alors c'est pire qu'en 70 !"

"A Compiègne !" répéta distraitement Hutin.

Des pensées terribles de chute, de trahison, de toute l'amertume de la défaite et des souffrances endurées inutilement surgissaient comme des spectres dans l'esprit de chacun.

"Je vous l'avais bien dit, nous avons été vendus !" » déclara le trompettiste.

Malgré tout, je ne parvenais toujours pas à croire à une trahison.

"Vendu ! Pourquoi vendu ? Par qui ?... Par qui ?"

"Comment le saurais-je ? Mais ils ne seraient pas à Compiègne si nous n'avions pas été trahis. Oh, c'est la vieille histoire !... Comme en 70... Bazaine en 70 !"

"Nous avons peut-être été débordés... Ils sont si nombreux !... Trois fois plus nombreux !... D'ailleurs, en 1870, l'erreur de l'armée de Châlons, c'est de n'avoir pas attendu les Allemands à Paris. C'est bien connu. Si l'armée de MacMahon n'avait pas avancé, ne s'était pas laissée étouffer à Sedan, peut-être n'aurions-nous pas été battus... »

J'ai saisi l'idée d'une retraite stratégique et j'ai essayé de convaincre mes camarades pour me convaincre moi-même. Mais ils restaient tous abattus et maussades et répétaient :

"Comme en 70 !"

Quel refrain !

Bréjard, qui écoutait en fumant, était le seul à être encore confiant.

« Le pire, dit-il, c'est que nous ne savons rien de sûr. Mais si les autres corps d'armée sont dans la même situation que le nôtre, tout n'est pas perdu. un peu au nord, comme nous l'avons été en Belgique. Mais s'ils n'ont pas été pris, c'est l'essentiel, et quant à cela, c'est la même chose qu'en 70, eh bien, il n'y a absolument aucune ressemblance ! nous étions seuls, alors que maintenant nous avons les Anglais et les Russes avec nous. »

"Oh, ne me parle pas des Anglais et des Russes !" dit le trompettiste.

« Avez-vous vu des Anglais, sergent ?

"Non, mais ils sont ici, d'accord."

— On dit qu'ils le sont, corrigea Millon. "Mais on disait aussi que nous avancions vers le nord. Une avancée brillante !..."

"Et les Russes !" reprit Pelletier. "Pourquoi diable ne sont-ils pas à Berlin à ce moment-là ? Ils n'ont rien pour les arrêter de leur côté..."

Bréjard haussa les épaules :

— Eh bien, mais quand même, ils ne peuvent pas y arriver par chemin de fer, tu sais !

"Mais un mois devrait suffire... avec leurs fameux Cosaques", rétorqua le trompettiste.

Et il continua :

"C'est de la pourriture ! Dois-je vous dire ce que *j'en* pense, sergent ? Eh bien, ces Russes et ces Anglais qui ont déclaré la guerre à l'Allemagne... c'est tout simplement une imposture !... Un coup monté ! Ils' Nous avons tout conçu ensemble afin de nous réaliser en... comme en 1970 !"

"Comme en 1970 !" répéta Blanchet, qui, assis en tailleur comme un tailleur, réparait une déchirure de son habit.

Cette catastrophe écrasante, qui s'était abattue sur nous comme un coup de masse, nous faisait douter de tout et de tous.

Pourquoi, au lieu de nous séduire avec des victoires imaginaires, n'auraient-ils pas pu simplement nous dire : « Nous avons affaire à un ennemi supérieur en nombre. Nous sommes obligés de battre en retraite jusqu'à ce que nous puissions achever notre concentration et jusqu'à l'arrivée des renforts anglais.

Avaient-ils peur de nous effrayer par le mot « retraite » alors que nous en éprouvions déjà la réalité ?

Pourquoi? Pourquoi avions-nous été trompés, démoralisés ?...

Accompagné de Déprez et de Lebidois, je me dirigeai vers le jardin d'un restaurant et commandai un déjeuner. Sous la tonnelle feuillue de vignes vierges et de viornes, percées ici et là de rayons dansants du soleil, flamboyait un mélange d'uniformes d'officiers - chimistes, hommes du corps médical, officiers d'infanterie de toutes confessions, officiers de l'ASC et payeurs, ces derniers en des uniformes verts qui leur donnaient l'apparence de forestiers.

Depuis quinze jours, nous n'avions ni mangé dans de vraies assiettes, ni bu dans des verres. Le déjeuner aurait été un délice indescriptible si nous n'avions pas tous les trois été hantés par le spectre de la défaite...

Quand la nuit est tombée, nous nous sommes entraînés. La longue plate-forme, jonchée de paille, était éclairée à de longs intervalles par des lampes à huile. Les chevaux, accablés d' épuisement, la tête baissée, se laissèrent conduire par les cochers dans leurs boxes sans opposer aucune résistance. Les artilleurs finirent de charger les armes sur les camions et bientôt tout se tut. Les hommes s'installèrent pour la nuit, trente dans chaque fourgon, les uns étendus sur les sièges, les autres couchés dessous, utilisant leur manteau comme oreiller. Des fusils et des épées avaient été jetés dans un coin. Et, juste au moment où le ciel à l'ouest avait cessé de briller, laissant le morne quai sombre et désolé, le train démarra lentement.

samedi 5 septembre

Je n'ai pratiquement pas dormi la nuit dernière. Tous les quarts d'heure, le train s'arrêtait et des hommes atteints de dysenterie me piétinaient en se dirigeant précipitamment vers les portes pour sauter sur la voie permanente. Ce matin, la même bousculade continue. Dès que le train s'arrête, on a la vision de files de tireurs qui se dirigent vers les buissons, d'où ils reviennent précipitamment au coup de sifflet. Heureusement, le train prend de la vitesse très lentement.

Une journée mélancolique, passée à regarder distraitement le pays défiler, l'esprit toujours hypnotisé par l'idée de la défaite...

Souvent, le train ne va pas plus vite qu'un homme qui marche.

IV.
DE LA MARNE À L'AISNE

dimanche 6 septembre

AU réveil, par une belle matinée légèrement voilée de brumes argentées, la banlieue parisienne était déjà visible.

Nous traversâmes la forêt de Fontainebleau, où les troupes campaient au milieu des genêts et des fougères, et roulâmes à travers les bois où les murs blancs et les toits rouges des villas faisaient un éclat gai sur le fond vert. Les jardins étaient un amas de fleurs ; d'énormes tournesols tournaient vers nous leurs visages dorés.

On avait presque oublié le drame du moment.

Dimanche! Les cloches sonnaient. D'ailleurs, Paris était désormais tout proche, et le pouvoir magnétique de la grande ville se faisait déjà sentir. Les Parisiens dans la voiture tenaient à peine en place.

Soudain, après ce triste voyage, et bien qu'il eût été difficile d'expliquer pourquoi et comment, l'espoir renaît malgré une autre mauvaise nouvelle que nous avions apprise en chemin, à savoir que les Allemands étaient arrivés à Creil sans opposition.

Ce n'est pas la force du camp retranché de Paris, de sa garnison, ni de son artillerie lourde qui nous rendit confiance ; c'était plutôt la foi instinctive d'un enfant qui, rentré chez lui, se sent irrésistible parce qu'il semble y avoir une sorte de sympathie rassurante entre lui et les objets qui l'entourent, voire les éléments. Ce qui faisait encore couler le sang dans nos veines, c'était la sensation indescriptible mais précise provoquée par la présence de quelque chose d'immortel, de quelque chose d'aimé et de vénéré. C'était comme un souffle de vie, comme le soutien réconfortant d'une Personnalité invincible, d'une Divinité toute-puissante.

Et puis, comme Hutin ne cessait de le répéter :

"Là ! C'est Paris ! c'est Paris !"

"L'anglais!"

Un convoi de troupes britanniques nous dépassait. Les hommes criaient et agitaient leurs képis.

A Villeneuve-Saint-Georges, la gare était remplie de Highlanders. Notre train s'est arrêté et a été immédiatement encerclé par une foule de soldats en kilt déterminés à examiner nos armes. Lebidois servait d'interprète, et il y avait beaucoup de poignées de main et d'acclamations.

Le petit Millon a arrêté un Highlander costaud aux poignets et aux genoux tatoués et lui a demandé s'il portait des pantalons sous son kilt. L'autre ne comprit pas et rit.

"C'est vrai, n'est-ce pas ?" dit Millon. "Si seulement tu avais un peu plus de poils sur la tête et un peu moins sur les pattes, eh bien, avec cette jupe, on te prendrait pour une fille !"

Nous descendîmes à Pantin. Hormis les inscriptions sur les panneaux de bois ou les volets d'acier des magasins, telles que « Propriétaire à l'écart » ou, en lettres d'un pied de haut, « Nous sommes Français », et hormis les pancartes de mobilisation décolorées, Pantin portait l'habituel aspect commun à de tels lieux les dimanches d'été.

Sur les trottoirs et sur la chaussée, des foules de femmes en robes claires, soigneusement corsetées, se courbaient avec cette grâce que semblent posséder seules les Parisiennes. Des soldats de tous grades et régiments entraient et sortaient de la cohue. Un Territorial passait avec une femme sur un bras, tandis que de l'autre il tenait un petit garçon par la main.

Était-il possible que l'ennemi soit aux portes ?

A Rosny-sous-Bois, nous campâmes sur un plateau dominant la ville d'un côté et la plaine de la Brie de l'autre, endroit assez déprimant et dépourvu de tout charme. Au loin, vers le sud-est, on entendait le bruit des canons.

Dans les rues, entre la verdure des jardins et les façades claires des villas, les uniformes écarlates, les blouses blanches et les parasols bigarrés égayaient la foule de touches de couleurs vives.

Les Zouaves étaient descendus des forts.

Aux terrasses des cafés, où pas une place ne restait libre, les tabliers blancs des serveurs flottaient parmi les uniformes multicolores des chasseurs, des officiers de l'intendance, des artilleurs, des tirailleurs et des spahis. Devant la Poste et devant les portes des boulangeries et pâtisseries, la foule se rassemblait en groupes animés. Les femmes couraient de long en large pour saluer les soldats, poser des questions, chercher un mari, un fils, un frère ou un amant qu'elles attendaient.

Tout le monde se bousculait, se saluait, buvait, mangeait, fumait et riait. Des familles de commerçants placides, légèrement curieux, se pavanaient dans la foule à petits pas vaniteux.

Les canons rugissaient toujours, mais pour les entendre, il fallait se séparer de la foule et s'engager dans les petites rues tranquilles entre les jardins.

Nous avons entendu dire que des combats étaient en cours au Grand Morin.

Lundi 7 septembre

Il faisait grand jour lorsque je fus réveillé par Bréjard.

"Lève-toi," dit-il.

"Quoi?"

"Tiens, écoute ça."

Il sortit un morceau de papier de sa poche.

" *Ordre du jour de l'armée.*

" *Au moment où nous nous apprêtons à engager une bataille dont dépendra la sécurité du pays, il est nécessaire de rappeler à chacun que ce n'est pas le moment de regarder en arrière. Aucun effort ne doit être épargné pour attaquer et repousser les Les troupes ennemies qui ne peuvent avancer plus loin doivent à tout prix conserver le terrain gagné et se laisser tuer plutôt que de se retirer .*

"Est-ce que tu comprends?"

Oui, nous l'avions tous parfaitement compris. Nous n'aurions jamais dû pouvoir exprimer aussi simplement et aussi complètement nos pensées les plus intimes. "Les troupes devraient se laisser tuer plutôt que de se retirer." C'était ça!

"Et maintenant, assouplissez-vous", a ajouté Bréjard. "On y va !"

Au moment où la batterie commençait, deux jeunes filles, sœur et fiancée d'un des artilleurs, accoururent. Pendant un moment ou deux, ils coururent, rouges et haletants, à côté des chevaux, parlant tous deux rapidement et en même temps. Lorsqu'ils furent tout à fait essoufflés, ils tendirent les mains, l'une après l'autre, au tireur, qui se pencha de sa selle et leur baisa le bout des doigts.

Nous traversons les faubourgs puis, par la route de Soissons, nous approchons de la plaine de la Brie. Nous allions au front, et je pense que chacun sentait que nous traversions maintenant les moments les plus graves et les plus critiques de tout un siècle, peut-être de toute une histoire.

Le soir tombait. La batterie marchait depuis plus de dix heures sans s'arrêter. Au loin, au fond, Montmartre dressait sa silhouette noire sur le ciel de l'ouest.

Les champs étaient éclairés par les étoiles, d'un éclat exceptionnel, mais la route restait sombre sous la voûte de grands arbres plantés en double rangée de chaque côté, entre lesquels flottait un nuage de poussière suffocant. Un projecteur lointain balayait la plaine. La batterie se mettait au trot sur la route pavée, et les véhicules cahotaient et se cognaient si bien que c'était une véritable torture de s'asseoir dessus. De vives douleurs internes nous faisaient tordre tandis que nous nous agrippions aux caissons de suspension ; nos dos douloureux semblaient ne plus pouvoir soutenir nos épaules, et le souffle sortait par halètements de nos poitrines secouées. Nos cœurs cognaient contre nos côtes, nos têtes nageaient, nous transpirions de douleur. Faut-il ne jamais s'arrêter ?

Heure après heure, nous suivions la même route sombre, mais la colonne avait de nouveau ralenti pour se mettre au pas. Les phares brillants d'une automobile qui s'approchait projetaient soudain les arbres dans des perspectives vertigineuses comme les colonnes de quelque cathédrale, et faisaient apparaître les équipes et les pilotes sortant de l'obscurité dans un cortège grotesque d'ombres fantastiques. Le moteur est passé.

Nous avons continué notre chemin…, encore, encore…. Ne devrions-nous jamais nous arrêter ?

"Arrêt!"

Enfin! Nous avons garé les fusils dans un champ puis avons emmené les chevaux pour les abreuver.

La seule lumière dans le petit village obscur était une lampe allumée dans une cuisine, dans laquelle nous apercevions de grandes casseroles en cuivre.

Il n'y avait pas d'abreuvoir et il fallut pousser jusqu'à une prairie marécageuse traversée par une rivière. Les berges étaient si abruptes que les chevaux ne pouvaient pas boire au courant, et nous leur donnions de l'eau avec des sacs en peau.

A notre retour, nous trouvâmes la route encombrée de chevaux. D'autres batteries venaient d'arriver.

Un tourbillon dans le ruisseau venait de me pousser contre le mur du jardin d'un château lorsqu'un moteur, éteint, se fraya un chemin à travers le troupeau de chevaux, jetant contre moi une masse confuse d'hommes et d'animaux dont le poids m'écrasait contre le pierre. Une autre voiture suivit, puis une autre, des centaines, silencieusement et interminablement.

À la lueur de la lune, désormais levée, je pus reconnaître les casquettes en peau cirée que portent habituellement les chauffeurs de taxi. Dans les taxis, j'aperçus des soldats endormis, la tête renversée.

"Blessés?" demanda quelqu'un.

"Non", fut la réponse d'une voiture qui passait. "C'est la 7e Division de Paris. Ils partent au front !"

mardi 8 septembre

"Attention!"

Il faisait encore nuit noire. Les cendres continuaient de couver dans les foyers. Les canons rugissaient toujours et les jets de feu vifs nous surprenaient comme des éclairs. Un peu plus loin, à l'est, une ferme ou une meule de foin brûlait. Le temps était étouffant et une odeur persistante de chair en putréfaction imprégnait l'air.

La batterie a démarré ; nous étions sur la ligne de tir.

Au point du jour, nous arrivâmes à Dammartin, où, sur les portes et les volets fermés, des pancartes et des indications de cantonnement étaient inscrites en allemand. Sur la porte d'entrée d'une maison, j'ai vu deux mots écrits en écriture gothique et pointue : « *Gute Leute* » (Bonnes personnes). Je me demandais qui vivait là....

Nous avons continué notre route. Le bruit sourd des canons semblait venir des entrailles de la terre et se poursuivait sans interruption.

Au bord de la route, une tombe avait été creusée et marquée d'une croix blanche en sapin portant un nom peint au goudron et coiffée d'un shako de chasseur à chaîne de laiton. Le mort n'avait visiblement pas été enterré assez tôt et une odeur nauséabonde s'élevait du sol fraîchement retourné et craquelé sous le soleil brûlant.

La route était encore jalonnée de chevaux morts, gonflés comme des outres, leurs jambes raidies aux fers brillants menaçant le ciel. D'une blessure béante au flanc d'une grosse jument alezane, des vers se tortillaient dans l'herbe ; d'autres grouillaient dans ses narines et dans sa bouche, et dans un trou de balle derrière son oreille.

"Trot!"

La batterie est devenue presque invisible dans sa propre poussière. Nous commençons à croiser des blessés, des centaines de blessés : infanterie de ligne, troupes alpines, infanterie coloniale blanche de poussière, les blessures pansées de bandages rouges. Ils s'entraidèrent.

La majorité marchait en petits groupes. Beaucoup s'étaient arrêtés pour se reposer. Il faisait très chaud, et j'en vis plusieurs autour d'un pommier, secouant les fruits pour étancher leur soif.

Nous nous étions arrêtés pendant que le major recevait les ordres d'un ADC. J'interrogeai un des coloniaux, qui fut blessé à la tête.

"Eh bien, comment ça se passe là-bas ?"

"Ouf ! ils tombent en masse !"

Je ne savais pas s'il faisait allusion aux balles, aux obus ou aux hommes, mais à l'expression des visages tirés et hagards, il était facile de voir que les combats avaient été violents.

« Vous vous battez depuis longtemps ici ?

"Oui."

"Combien de jours?"

"Cela avait commencé quand nous sommes arrivés."

"Et quand es-tu venu ?"

"Avant hier."

Et il répéta :

"Oui, ils tombent en masse !"

Nous repartons, toujours au trot.

Le ciel clair, d'un bleu pur et limpide à l'horizon nord et est, était recouvert de la fumée blanche des éclats d'obus ; au loin, des nuages noirs s'élevaient des bâtiments en feu et des projectiles hautement explosifs.

Nous étions toujours poursuivis par l'odeur de chair morte, qui nous harcelait et nous obsédait, nous faisant chercher dans toutes les directions des cadavres cachés.

Soudain, un des chevaux de mon wagon de munitions s'effondra et refusa d'aller plus loin, arrêtant tout l'attelage. Il a dû être dételé et abandonné. Les autres voitures nous avaient dépassés, et avec nos cinq chevaux restants, nous galopâmes à travers pays pour rejoindre la colonne. Les sillons nous ont presque fait tomber de nos sièges et nous avons dû nous accrocher de toutes nos forces aux rails du caisson, en appuyant nos jambes contre les repose-pieds pour ne pas tomber.

Nous avons rattrapé la batterie dans un village visible de loin sur la campagne plate et dénudée. L'ennemi y avait évidemment cantonné. Les portes avaient été défoncées à coups de crosse de fusil ; presque toutes les fenêtres avaient été brisées et n'étaient plus que des cadres hérissés d'éclats de verre déchiquetés. Des rideaux sales les traversaient à l'extérieur. Des volets arrachés jonchaient le trottoir parmi des bouteilles cassées, des carrelages brisés et des boîtes de conserves vides. D'autres, suspendus à une charnière, frappaient les façades des maisons.

Par les portes grandes ouvertes, on apercevait des armoires à douves jetées dans les escaliers. Des tiroirs vides, des ornements de cheminée, des photographies, des images et des gravures jonchaient le sol carrelé rouge. Des draps tachés de boue, marqués de bottes clouées, traînaient jusqu'au milieu de la rue, donnant à ces malheureuses maisons quelque chose de l'horreur des cadavres éventrés.

Les trottoirs étaient une masse de meubles jetés par les fenêtres, des poussettes, des karts et des tonneaux de vin cassés. Le bois craquait sous les roues du chariot. Une paire de corsets roses gisait dans le caniveau.

Sur l'un des panneaux de danger Michelin, à l'autre bout du village, je lis l'avertissement : « *Attention aux enfants—Sennevières* », et de l'autre côté un « *Merci* » *dérisoire et triste* . [1]

Nous nous arrêtâmes là où la route traçait une ligne droite et blanche à travers une plaine couverte de mangel-wurzels. La nudité désolée des champs n'était interrompue que par un hangar, trois meules de foin et, plus loin, quelques petits bosquets carrés et une longue rangée de peupliers. À l'est et au nord, la bataille grondait, sifflait et rugissait comme une tempête en mer. On aurait pu croire que ce bruit infernal provenait d'un tremblement de terre profond et souterrain.

Nous avions attendu quelques minutes quand soudain le paysage reprit vie. Des bataillons débouchant de Sennevières, déployés en ordre d'escarmouche, et d'autres soldats, des centaines et des milliers dont on n'aurait jamais soupçonné la présence, surgissaient du sein de la terre et pullulaient comme des fourmis sur les champs, leurs culottes faisant des taches rouges sur le sombre vert de l'herbe. Les lièvres effrayés s'enfuyaient devant les lignes venant en sens inverse.

De petits groupes de blessés recommencèrent à passer. On les voyait au loin, points noirs sur la route blanche et droite, éblouissants au soleil.

Quelques cuirassiers semblaient cantonnés quelque part dans les environs. Un ou deux passaient à pied, sans casque ni cuirasse, la poitrine recouverte de feutres chamois munis d'anneaux de ouate autour des emmanchures. Ils transportaient de gros morceaux de bœuf frais. A l'ombre de trois peupliers, à droite de la route, juste à la sortie du village, des hommes abattaient du bétail et vendaient la viande. A proximité gisait un cheval mort.

Bientôt arriva la commande :

« Reconnaître ! »

La batterie se mettait en action. Une fois de plus, je ne pus échapper au petit frisson de peur qui suit ce mot d'ordre.

En position de tir, la batterie n'était masquée que par une haie de ronces et quelques arbustes enchevêtrés, de sorte que de plusieurs points de l'horizon nous devions être visibles à l'ennemi. La position n'était pas bonne, mais c'était le meilleur qu'offrait le cadre.

Les officiers avaient pris position près du premier canon, sur un étroit sentier traversant la plaine. Le champ de bataille s'ouvrait largement devant nous. Mais sur ce paysage presque plat, qui avait un aspect si quotidien, et où l'on savait pourtant que le destin de la France se jouait, on ne voyait pas un homme, pas un fusil. La plaine ravagée par le tonnerre semblait immobile sous les obus.

Nous avions couvert nos canons de gerbes ; jaune sous la paille jaune, ils pourraient tromper à distance. En outre, la paille offre une bonne protection contre les balles d'obus et les éclats d'obus.

Nous nous sommes endormis aussitôt au soleil avec l'apathie des pions qui se laissent remuer, avec ce fatalisme qui est une conséquence inévitable de la vie pleine de dangers horaires que nous menions depuis un mois.

J'ai été réveillé par un mot d'ordre. Derrière nous, le soleil se couchait.

« À vos armes ! »

Quelque chose de sombre, de l'artillerie peut-être, se déplaçait là-bas, au pied de collines boisées, à plus de cinq mille mètres de là. Nous avons ouvert le feu. A droite, à gauche et même devant nous, 75 batteries entrent en action une à une. Lorsque nos propres canons restèrent silencieux pendant quelques secondes, nous entendîmes leurs volées résonner par quatre.

Au loin, devant nous, tous étaient devenus immobiles. Le capitaine donne l'ordre de cesser le feu. Mais la fumée de la poudre et la poussière soulevée du champ desséché par le choc des obus s'étaient à peine dissipées que de lourds obus traversèrent la haie nous masquant, laissant dans leur sillage trois brèches béantes et oblitérant de leur fumée toute la campagne. l'horizon oriental.

"Ils ont dû voir le feu de nos canons", dit Bréjard.

"Et ils ont entraîné les leurs à la perfection", a ajouté Hutin. "Six pouces aussi!"

Par malheur, juste à ce moment, un chariot de ravitaillement de la première ligne, conduit par un caporal monté sur une grosse jument blanche, arriva au trot.

Alors qu'ils étaient encore loin, nous criâmes :

"Démonter!"

« Descendez ! Vous nous ferez tuer !

Les conducteurs semblaient ne pas entendre.

"Descendez, vous... ! Marchez !... Marchez !..."

Ils avaient déjà décroché le wagon de munitions plein, accroché le wagon vide à l'avant-train, et partaient au galop malgré nos cris.

Les obus ne tardèrent pas à arriver, leur sifflement modulé par le vent. Une seconde s'est écoulée... deux... trois....

Cette peur de la mort, de la mort qui tombe lentement du ciel, était un supplice interminable. Tout tremblait. Les obus éclataient et le vent rejetait sur nous leur fumée.

J'entendis un gémissement étouffé :

"Ah... Ah... Ah !..."

Notre batterie est restée intacte. Le chariot de ravitaillement galopait toujours au loin. L'un des numéros de la batterie voisine était tombé en avant dans son agonie, et son front, percé par un éclat d'obus, baignait de sang le fond des douilles.

Hutin, toujours assis sur le siège du coucheur, s'écria tout à coup :

"Eh bien, je vois les porcs tirer ! Je les vois... très loin... là-bas, à environ dix mille mètres... J'ai vu le flash... Ça vient... ça vient.. . attention!..."

Effectivement, nous avons été secoués par de nouvelles explosions. Je fermai instinctivement les yeux et sentis mon visage fouetté par la terre battue, mais je ne fus pas touché. Le fond d'une des douilles bourdonnait longuement et fort, et une fois de plus la batterie fut recouverte de fumée. J'ai entendu la voix claire du capitaine alors qu'il criait au sous-officier supérieur :

"Daumain, mettez tout le monde à l'abri à droite ! Ordre du major. Inutile de se faire tuer tant qu'on ne tire pas."

Nous nous sommes appelés, nous nous sommes dégagés de la fumée et nous sommes sortis en toute hâte de la ligne de tir des obusiers. Mais les obus ennemis nous poursuivaient à travers le champ de bataille tandis que nous courions accroupis et dispersés.

Un projectile, dont l'éclair m'aveugla un moment, renversa un sergent de la 12e batterie qui courait à mes côtés. L'homme se releva aussitôt. Juste au-dessus de ses yeux, quelques éclats avaient percé deux trous rouges horriblement symétriques. Il s'enfuit en baissant la tête pour que le sang ne coule pas dans ses yeux. Je lui ai proposé de l'aider, mais il a dit :

"Non, laisse-moi... Cours ! Ce n'est rien, ce... crâne n'est pas brisé en morceaux !"

Nous nous sommes abrités derrière de grosses meules de foin et avons attendu les ordres.

Le rôle s'appelait :

"Onzième?"

"Onzième!"

"Hutin ?"

"Ici!"

"Pas blessé ?"

"Non et toi?"

"Non."

Les quatre détachements étaient au complet.

"Et le Capitaine ?"

"Toujours là-bas, au poste d'observation. Regarde... tu vois son coude qui dépasse derrière cet arbre. Il va bien !"

Deux autres volées d'obus éclatèrent à proximité de nos canons, qui semblaient encore avoir échappé aux dégâts.

Comme la nuit semblait longue à venir ! Comme nous maudissions le soleil qui, avec son disque rouge sang touchant presque l'horizon, semblait ne jamais vouloir se coucher derrière le champ de mangel-wurzel ! Il semblait absolument immobile, stationnaire.

Hutin jura et brandit le poing vers la sphère cramoisie.

Le capitaine nous a fait signe de monter.

Derrière les meules de foin, le cri répétait : « Aux fusils !

Nous pensions que nous allions tirer, mais nous constatâmes que d'autres ordres étaient arrivés.

« Membres ! »

Une brume, montant des creux de la plaine, effaçait un à un les objets lointains. Les collines lointaines occupées par la batterie d'obusiers se perdaient dans une brume violette, mais il est fort possible que nous puissions encore être vus de là alors que notre silhouette se détachait sur le ciel clair de l'ouest.

Nous nous sommes assouplis et sommes partis. Les obusiers gardèrent le silence.

Les tirs des fusils commencèrent alors à devenir intermittents, et les canons se turent à leur tour. Un silence de mort s'installait dans la plaine qui, à mesure que le soleil se couchait, s'illuminait de bâtiments en feu, dont les flammes brillaient de plus en plus vivement à mesure que la nuit avançait.

La journée de violents combats qui venait de se terminer n'avait rien décidé. Chacun des adversaires dormait dans ses propres positions.

mercredi 9 septembre

Dans un champ près de Sennevières, en position de préparation, nous avons préparé notre café. Le temps était très chaud. Ce matin, la bataille avait mis du temps à s'ouvrir, mais maintenant, à l'est et au nord-est, les canons rugissaient aussi incessamment qu'hier.

Soudain, vers midi, la ligne de tir sur notre gauche s'est ouverte et s'est légèrement courbée. Nous occupions l'extrême aile de l'armée française, et nous fûmes aussitôt saisis d'inquiétudes. L'ennemi nous a-t-il encore débordé ?

Nous interrogeâmes le capitaine, qui observait aussi attentivement les bois qui hier étaient hors de portée de l'ennemi et qui étaient maintenant lourdement bombardés.

« Qu'est-ce que cela signifie, monsieur ?

"Je n'en sais pas plus que toi, j'en ai peur. J'obéis seulement, tu sais... Je vais où on me dit d'aller... C'est tout !"

Mais Déprez insiste :

"Ils tournent encore à gauche !"

Le visage finement ciselé du capitaine était plissé d'anxiété.

"Eh bien, dit-il, ils bombardent certainement des bois qu'ils ne bombardaient pas hier. Mais cela prouve en tout cas qu'ils ne les ont pas atteints. Au contraire, peut-être ont-ils été menacés de ce côté-là par un mouvement enveloppant de nos troupes... Qui sait ?... D'ailleurs, s'ils nous débordent, nous ne sommes pas seuls ici... Nous leur ferons face !

Il nous lança un regard scrutateur de ses yeux noisette intelligents, et répéta :

"Nous les affronterons, n'est-ce pas ?"

"Bien sûr que nous le ferons, monsieur !"

Le café était prêt. Le Capitaine sortit sa tasse en aluminium de sa poche et la trempa dans la boisson noire qui fumait dans la bouilloire. Les artilleurs l'entouraient, leurs gourdes à la main, attendant leur tour, et quand il avait rempli sa coupe, ils se servaient les uns après les autres. La conversation cessa et les hommes sirotèrent leur café.

Au bout d'un moment, le cuisinier dit :

"Il y en a encore !"

"Combien?" demanda le capitaine, soucieux de ne priver personne.

"Une bonne demi-pinte chacun."

Le capitaine s'est servi et les hommes ont emboîté le pas. Puis, comme il restait encore un peu de café mêlé de marc, l'opération fut répétée.

Avec cette rapidité effrayante que nous avions observée chaque fois que nous avions dû nous retirer sur la Meuse, le pays s'animait de lignes d'infanterie. Des compagnies et des bataillons sortaient des bois et de derrière les haies, envahissaient les chaumes, se massaient dans les creux.

"Bonjour ! qu'est-ce que ça veut dire ?" demanda Bréjard.

"Est-ce que ces porcs tournent la queue ?" s'écria Millon en croisant les bras.

Le capitaine observait avec inquiétude les mouvements de l'infanterie.

"Non", dit-il. "Ce sont des troupes de réserve qui avancent vers le nord pour faire face à l'ennemi s'il nous déborde."

L'ordre nous ordonna d'aller prendre position entre Sennevières et Nanteuil-le-Haudoin.

Cela ne pouvait faire aucun doute. L'ennemi faisait tourner nos lignes.

Nous fûmes saisis d'un accès de colère sauvage. Parviendraient-ils à nous dépasser et à rejoindre Paris ? A Paris... chez nous... pour tuer, saccager, violer ?...

— Ah, grogna Hutin, que ne donnerais-je pas pour assassiner quelques-uns de ces sauvages !

"Trot!" ordonna le capitaine.

Se penchant sur le cou de leurs chevaux, les cochers poussaient les attelages en avant avec la voix, les genoux, le fouet et l'éperon.

Le même coup de vent semblait emporter avec lui hommes, chevaux et canons, toute cette artillerie se déchaînait comme une marée sur les champs arides, sur les sillons desquels elle s'enflait et déferlait.

Nous avons pris position avec nos canons pointés vers le nord-est. Derrière nous, le soleil, déjà bas dans le ciel de l'ouest, éclairait la voie ferrée et la route de Nanteuil à Paris, bordée de grands arbres.

Des sections d'infanterie commencèrent à se replier.

"Tu vois?" répéta Millon. "Ils n'y arrivent pas, les bêtes ! Ils n'ont donc pas lu l'Ordre de l'Armée ?"

Soudain, presque derrière nous, des coups de fusil éclatèrent. Nous avions été débordés.

Sur la grande route de Paris, et entre la route et la voie ferrée, des masses denses d'infanterie débouchaient derrière Nanteuil. Nous étions encerclés par un énorme fer à cheval hostile, et il semblait maintenant que le seul moyen de retraite ouvert au 4e corps d'armée était la route étroite allant vers le sud-est entre Sennevières et Silly.

Un officier portant une casquette d'aviateur arriva en automobile et se précipita vers le poste d'observation. Peu après, le major nous ordonna de faire demi-tour.

A tout moment, nous pouvions être pris entre deux feux, car, au nord-ouest de Nanteuil, sur les collines dominant la route, il ne faisait aucun doute que l'artillerie ennemie prenait position pour soutenir l'attaque de l'infanterie.

Nos batteries ont ouvert le feu.

La même frénésie sauvage s'empara aussitôt des hommes et des fusils. Ces derniers devinrent des monstres rugissants, des dragons enragés qui, de leur gueule béante, crachaient du feu sur le soleil alors qu'il s'enfonçait pour se reposer dans le doux crépuscule de l'été. Des tas de douilles fumantes s'accumulaient derrière les fusils. Dans la zone sinistrée devant nous, nous voyions les hommes vaciller, tourner la queue, courir et tomber en tas. Des hauteurs au-dessus de Nanteuil, d'où l'on aurait pu compter nos canons, aucun rugissement d'artillerie ne répondait.

Le massacre continua longtemps.

" Ah ! *Ces* gens-là n'arriveront jamais à Paris ! "

La nuit est tombée. Les régiments d'infanterie commencèrent à se retirer en ordre dans le creux dont nous occupions une des pentes. Quelques chasseurs à cheval passèrent au trot, suivis de toute une brigade de cuirassiers. C'était la retraite !

Nous avons été battus !... battus !...

L'ennemi marchait sur Paris !

Le soleil n'était plus qu'un croissant rouge à l'horizon. Les cavaliers qui avançaient vers Silly disparurent dans leur propre poussière. Nous avons continué à tirer, prodiguant des éclats d'obus sur la plaine où les hommes se déplaçaient encore ici et là.

« Cessez de tirer ! »

Les artilleurs ou n'avaient pas entendu, ou ne voulaient pas entendre... Trois canons aboyaient encore. En criant à pleine voix, le major répéta l'ordre.

En sueur et rouge brique de chaleur, les artilleurs s'épongaient puis, les bras croisés, se tenaient silencieusement derrière leurs canons, contemplant les champs dont pas un centimètre carré n'avait été épargné.

Nous attendions l'ordre de nous retirer à notre tour, mais nous avons finalement reçu l'ordre de passer la nuit ici. Un bataillon d'infanterie avait été envoyé pour nous appuyer, et les hommes se déployèrent en ordre d'escarmouche et prirent des positions à environ deux cents mètres du parc, que nous avions dû former sur place.

Nous avons appris que devant nous il ne restait plus une seule unité française. Nous étions à la merci d'une attaque nocturne de cavalerie.

jeudi 10 septembre

Après l'engagement d'hier, nous nous attendions à ce qu'une furieuse canonnade éclate à l'aube. Mais aucun son ne fut entendu. Le soleil éclairait la plaine et les pentes sur lesquelles nous attendions l'ennemi en position de tir. Pas un seul coup de feu n'a été tiré et nous avons commencé à être surpris et inquiets.

Un lieutenant-colonel en tête d'une colonne qui passait reconnut le major et l'héla.

"Bonjour ! Solente !"

"Bonjour!"

"Comment vas-tu?"

"Je vais bien, merci."

« Que fait votre groupe là-bas ?

"Garder la route de Nanteuil."

"Alors tu ne sais pas ce qui s'est passé ?"

"Non quoi?"

"L'ennemi s'est retiré pendant la nuit."

"Non!"

"Oui, c'est bien vrai ! Nous avons l'ordre d'avancer... Les Allemands se retirent sur toute la ligne."

Les deux officiers se regardèrent et sourirent.

"Alors dans ce cas..."

"C'est la victoire !"

La nouvelle passa rapidement de fusil en fusil et faillit faire danser de joie les hommes. Victoire, victoire ! Et juste au moment où on ne s'y attendait pas !

Vers midi, nous recevions également l'ordre d'avancer.

A Nanteuil, on sentait une légère recrudescence de la vie. Un épicier démontait les volets en bois de sa boutique, et certaines fenêtres s'ouvraient brusquement sur notre passage. Comme à Dammartin, j'ai lu sur plusieurs portes l'inscription : « *Gute Leute* ».

La route que nous suivions longeait les champs sur lesquels nous avons repoussé hier l'ennemi. Nous nous arrêtâmes, attendant sans doute de nouveaux ordres.

La campagne environnante était immobile, mais, entre la route de Paris et la voie ferrée, des cadavres au pelage gris gisaient parmi les mangel-wurzels à perte de vue. Au bord de grands champs de maïs, six Allemands étaient tombés en tas. Le dernier à mourir s'était renversé sur les autres, ses jambes raidies pointées vers le ciel. Son cou était plié sous le poids de son corps et son menton touchait sa poitrine. Ses yeux étaient grands ouverts et sa bouche tordue dans une horrible grimace d'agonie. À une seule exception près, on ne pouvait rien voir des autres cadavres sous lui, à l'exception des épaules, du cou et des pieds. Mais l'un d'eux, qui n'avait pas été tué sur le coup et qui gisait à moitié enterré sous les autres, a dû mourir durement. Scalpé par un éclat d'obus, il avait tenté de se débarrasser de l'horrible fardeau qui lui écrasait le dos et les jambes, mais ses forces lui avaient fait défaut. Appuyé sur un coude, la bouche grande ouverte comme si son dernier souffle avait été un cri, il était mort en tendant un énorme poing noué vers les collines que nous venions de quitter, d'où la mort lui était venue.

Ses joues, déjà devenues grises, commençaient à s'affaisser, et dans les traits raidis d'où tout semblant de vie s'éloignait rapidement, on semblait déjà voir le masque souriant de la Mort aux yeux creux, au menton carré.

Un peu plus loin, trois hommes de l'Army Service Corps se tenaient autour d'un Prussien couché sur le dos, les bras croisés comme dans une terrible étreinte. Alors que l'un d'eux relevait la tête pour ôter son casque, un filet de sang noir jaillit de la bouche du mort et recouvrit les mains du soldat.

"Cochon!" grogna-t-il en essuyant ses mains sanglantes sur les jupes de l'habit gris de l'Allemand.

A proximité, un sous-lieutenant du génie comptait les cadavres à enterrer.

"C'est donc vous, les artilleurs, qui m'avez confié tout ce travail ! J'en ai déjà compté mille sept cents, et je n'ai pas encore fini ! Il y en aura plus de deux mille."

En revenant, le cœur malade, à travers les champs de maïs, je suis tombé sur quelque chose de mou. Soupçonnant un cadavre, je me précipitai sur le côté.

Nous avançons de nouveau vers le nord.

Le bord de la route était jonché de Mausers, de baïonnettes aussi courtes que des couteaux de boucher, de cartouchières, de casques, de sacs en peau de vache, de portefeuilles, de selles, de chevaux morts...

Le soir de la bataille de Virton, la route des Ruettes avait présenté une apparence semblable. A cette occasion, je m'étais dit avec tristesse : « C'est une défaite française », et maintenant j'étais tout aussi étonné de constater que j'avais participé à une victoire dont ces restes étaient les preuves, une victoire qui avait arraché Paris aux les mâchoires des Allemands, a sauvé la France et qui pourrait peut-être ouvrir une nouvelle ère pour nous tous. En vue de ce calvaire de l'armée allemande on se disait que l'ennemi évacuerait la France aussi vite qu'il y était entré.

A travers l'un des vastes champs plats s'étendait une ligne jaune de terre fraîchement retournée, jalonnée de fusils plantés la crosse vers le haut. Des centaines d'hommes, des milliers peut-être, y avaient été enterrés côte à côte, et l'air était souillé de toutes les odeurs pestilentielles de décomposition qui s'échappaient par les fissures et les fissures du sol brûlé par le soleil. En approchant d'un des bosquets épars sous lesquels d'autres cadavres avaient été enterrés, la même odeur nauséabonde nous envahit les narines. Malgré nous, nous reniflions l'air avec un malaise semblable à celui que manifestent les chiens lorsqu'on dit qu'ils flairent la mort.

Plus loin sur la route, nous sommes tombés sur un groupe de sapeurs occupés à manier la pioche et la pelle. Au fond d'un trou qu'ils venaient de finir de creuser gisait une croupe brune marquée "Uh. 3" (3e Uhlans), et sur le terrain labouré au bord du fossé gisait un cheval mort recouvert de terre argileuse. Les vers pullulaient dans le sang putride qui l'entourait.

L'un des sapeurs, qui recouvrait la charogne avec de grosses pelles de terre, leva les yeux.

"Ouf ! il sent mauvais, n'est-ce pas ?" il a dit. " Sale boulot, ça ! Je ne postulerai pas comme croque-mort quand j'aurai fini de servir ! Et les chevaux sentent pire que les hommes. Nous finirons par attraper la peste ! "

"Quand j'ai commencé à le traîner", a déclaré un autre, "son sabot s'est détaché de ma main".

Et il montra du pied un sabot ferré qui gisait à terre comme une pierre.

A proximité, dans un champ nouvellement labouré, intact à l'exception des empreintes de sabots de deux chevaux qui l'avaient traversé au galop, se trouvaient deux lances, dont une cassée, une épée de cavalerie légère, un casque de uhlan et une bouteille d'eau. .

Le temps est devenu progressivement brumeux. Les champs, monotones et ternes sous le ciel gris, jonchés par intervalles d'uniformes, d'armes et de cadavres, nous impriment une tristesse qui confine à la peur. Il fallait sans cesse se répéter « Victoire, victoire ! pour ressentir à nouveau la joie, pourtant si profonde, de savoir que le Pays était sauvé.

Depuis deux jours, il pleut sans arrêt, et nous avons avancé d'environ vingt-deux milles sous l'averse. L'ennemi se retire toujours, sa retraite étant couverte par quelques obusiers qui semblent manquer de munitions. Chaque heure qui passe confirme notre victoire, et nous serions de bonne humeur s'il ne pleuvait pas aussi fort.

Le capitaine m'a envoyé passer quelques jours avec la première file de wagons, en partie à cause d'une diarrhée persistante, qui m'affaiblissait considérablement, et en partie à cause d'une coupure assez grave au poignet. La vie dans mon nouveau cantonnement est bien moins pénible ; les rations sont mieux cuites et on dort suffisamment.

Tandis que nos batteries poursuivent un vif bombardement sur l'arrière des colonnes allemandes en retraite, les premières lignes de wagons sont installées dans un large ravin creusé à travers le plateau comme par un coup d'épée géant. Il semble presque que la pluie converge dans ce creux de tous les points cardinaux. Les obus tombent aussi, mais ils s'enfouissent sans éclater dans le marais voisin, soulevant des geysers de boue.

Aujourd'hui, le sous-officier du 6e canon, auquel je suis temporairement attaché, a appelé les hommes qui l'entouraient :

" *Les poilus !* " [2]

"Nous voilà!" » répondit un réengagé volontaire, déjà grisonnant aux tempes. "Des poils sans poils secs sur notre corps !"

"Écoute ça!"

Et le sous-officier d'une voix rauque se mit à lire un ordre du jour :

« Depuis cinq jours, sans interruption ni répit, la 6e armée est engagée dans le combat contre un ennemi fort en nombre, dont le moral a été jusqu'ici exalté par les succès. La lutte a été dure et les pertes en vies humaines dues aux tirs d'artillerie -le feu et l'épuisement causé par le manque de sommeil et parfois de nourriture ont dépassé tout ce qu'on aurait pu imaginer. Le courage, le courage et l'endurance avec lesquels vous avez supporté toutes ces épreuves ne peuvent être suffisamment vantés par des mots.

" Camarades, le GOC vous a demandé, au nom de votre pays, de faire plus que votre devoir ; vous avez répondu encore plus héroïquement qu'il ne semblait possible. Grâce à vous, la victoire a désormais couronné nos armes, et maintenant que vous connaissez le satisfaction du succès, vous ne la laisserez jamais vous échapper.

« Pour ma part, si j'ai fait quelque chose de digne de mérite, j'ai été récompensé par le plus grand honneur qui m'est revenu dans une longue carrière : celui de commander des hommes tels que vous.

« Du fond du cœur, je vous remercie de ce que vous avez fait, car je vous dois ce qui a été le but de tous mes efforts et de toute mon énergie depuis quarante-quatre ans : la Vengeance de 1870.

"Tout honneur et merci à vous et à tous les combattants de la 6ème Armée.

"Claye (Seine-et-Marne) 10 septembre 1914.

"Signé : Joffre.

« Contresigné : Manoury.

"Entendre entendre!" s'écria quelqu'un.

"Je dis, sergent", cria le vieux soldat qui avait parlé auparavant, "comme le général est content de nous, ne pouvez-vous pas lui demander de fermer un peu de cette eau ?"

Nous avons recommencé. Le pays que nous parcourions depuis l'aube, avec des haltes d'une heure et parfois deux heures pendant lesquelles les canons se mettaient en action, semblait, au premier coup d'œil, une plaine sans fin et presque déserte. Les champs de betteraves et de maïs, où les récoltes, souvent en gerbes, avaient pourri maintenant, semblaient se succéder sans interruption d'un bout à l'autre de l'horizon, sous le ciel bas et morne, d'où tombait sans relâche la pluie froide. . Mais soudain, au milieu de la campagne plate et aride, s'ouvrit un vallon dont on n'aurait jamais soupçonné l'existence, bien boisé et si profond que même le clocher de l'église du village niché sur son giron était caché aux regards.

Sous la pluie cinglante, les équipes marchaient la tête basse et les oreilles tremblantes, leurs manteaux brillant comme une peau cirée. A cette époque, beaucoup de nos chevaux n'étaient tenus que sur pattes, comme par miracle. Le mauvais temps avait mis le comble à leur ruine, et nous avons dû en abandonner trois, l'un après l'autre. Ils continuent jusqu'à atteindre l'extrême limite de leurs forces, puis soudain ils trébuchent et s'arrêtent net ; après cela, aucune puissance sur terre ne les fera avancer d'un pouce. Ils doivent être retirés des traces, dételés et abandonnés là où ils se trouvent. Ils restent au même endroit jusqu'à leur mort.

Les hommes étaient apathiques et taciturnes sous leurs manteaux noirs. L'eau coulait dans nos dos et nous faisait frissonner. De nombreux pilotes avaient retourné leur képis pour que les crêtes protègent leur cou. Leurs visages, grimaçant sous la piqûre de la pluie battante, étaient à moitié cachés dans leurs cols relevés. Nos chemises collent à nos épaules et nos pantalons à nos genoux. Les vêtements trempés absorbaient la chaleur du corps et nous éprouvions l'horrible sensation de nous glacer progressivement jusqu'aux moelles. Il semblait que la vie s'éloignait lentement de nos membres et que nous mourions à petits pas.

Nous croisâmes un groupe de fantassins misérables et saturés, dont la pluie coulait à torrents du bas de leurs manteaux. Certains d'entre eux avaient jeté des sacs pleins de paille sur leurs épaules. Un homme s'abritait la tête et le dos sous une jupe de femme, et d'autres sous des capes, des foulards et des rideaux à motifs fleuris.

La route était une rivière d'argile liquide sur laquelle ni les bottes des hommes, ni les fers à cheval, ni les pneus des roues ne laissaient de trace.

À mesure que la nuit approchait, la voûte grise du ciel semblait s'abaisser encore plus bas, étirant l'horizon sur les champs et touchant presque la terre elle-même. Un épais brouillard nous a d'abord entouré puis étouffé. Nous n'aurions pas pu dire de quel côté le soleil se couchait ; l'ouest était aussi opaque que l'est. La lumière jaune et diffuse s'est progressivement affaiblie. Çà et là, au bord du chemin, on distinguait encore les formes sombres de chevaux morts. La nuit est tombée. La pluie coulait dans mon dos jusqu'aux reins. J'avais très froid et je ressentais maintenant plus intensément que jamais cette sensation indescriptible, comme si le sang de ma vie était lentement aspiré de mes veines. La batterie pesait encore et encore....

Il était peut-être dix heures lorsque nous nous arrêtâmes enfin aux abords d'un village et rangeâmes nos voitures au bord de la route. Nous avons dû attendre là un certain temps, assis immobiles sur les ailes et devenant de plus en plus gelés à chaque minute. Nos dents claquaient de froid. Le retard était probablement dû à un carrefour, à un blocage du trafic, au passage d'un convoi ou à un autre obstacle ; de toute façon, nous ne pouvions pas avancer. Je commençais à me demander si nous ne devions pas passer toute la nuit sous la pluie...

Finalement nous atteignîmes un champ dans lequel nous bivouacâmes en étirant les lignes entre les voitures. Les lampes tempête formaient de gros points jaunes dans l'obscurité opaque, perçant la nuit sans rien éclairer. Il n'y avait aucun bruit, à part le bruit de pas traînants tandis que les hommes et les chevaux épuisés se déplaçaient dans la boue.

Le sergent-major convoqua les caporaux pour la distribution des rations. Mais la répartition entre les canons n'était pas terminée et les hommes repartirent aussitôt, préférant attendre le lendemain pour récupérer leurs rations. Le sergent-major leur cria dessus, déclarant que s'il y avait une alarme, ils risqueraient de rester toute une journée sans manger. Il avait parfaitement raison, mais personne ne l'écoutait.

L'obscurité était si intense qu'il était difficile de suivre la route, et pour rester ensemble, les hommes ne cessaient de crier :

"Onzième !... Par là... Onzième !..."

Des convois passaient, nous éclaboussant de boue. Une roue vient de m'effleurer. Après une longue marche, le seul abri que nous trouvions était de vieilles granges branlantes, ouvertes aux quatre vents du ciel, dans lesquelles un mince brin de paille nous séparait à peine de la terre battue. Ici la batterie, silencieuse, trempée jusqu'aux os et sentant la bête mouillée, s'enfonçait en frissonnant dans un sommeil trouble, continuellement interrompu par les cris des hommes qui rêvaient.

dimanche 13 septembre

Ce matin, le soleil brillait. Les nuages étaient encore concentrés à l'ouest, mais le bleu, qui nous égayait à merveille, finit par s'étendre sur tout le ciel. Nous avons continué notre marche en avant.

Les obusiers ennemis bombardaient toujours la campagne autour de nous, mais par intermittence et au hasard. Les Allemands étaient vivement poursuivis ; dans les villages, nous avons appris que, moins de deux heures auparavant, des traînards passaient encore. Il semble qu'hier la retraite de l'ennemi ait failli se transformer en déroute. Fantassins démobilisés sans armes, artilleurs, cavaliers démontés, tous s'enfuirent pêle-mêle, poursuivis par le feu de nos 75 et harcelés par notre avant-garde.

A Vic-sur-Aisne, en attendant que le pont flottant soit dégagé, j'entrai dans une jolie petite maison dont les portes et les fenêtres avaient été laissées grandes ouvertes par les Allemands au moment de leur départ. Les armoires et les commodes avaient toutes été cambriolées et pillées. Des chemises et des caleçons de femmes ainsi que d'autres sous-vêtements traînaient dans l'escalier. Un repas fut servi sur la table de la salle à manger, mais les chaises renversées témoignaient de la précipitation avec laquelle les convives s'étaient enfuis. J'avais faim et je me suis assis sans hésitation. La nourriture était bonne bien que froide.

Les voitures de tête de la colonne avaient déjà commencé à traverser le pont lorsque j'appris que le déjeuner que je venais de manger avait été préparé pour le grand-duc de Mecklembourg-Schwerin, mais avait été interrompu par l'arrivée de l'avant-garde française.

Nous traversons l'Aisne sans difficulté. Comment se fait-il que l'ennemi nous ait permis de traverser la rivière ? L'idée d'un piège, comme celui que nous tendions aux Allemands lors de leur traversée de la Meuse, me mettait un peu mal à l'aise.

Près d'Attichy nos batteries partaient prendre position, tandis que les premières files de chariots s'arrêtaient sur une route sinueuse qui mène au plateau à travers des bois extrêmement denses, tout humides et odorants après les pluies d'hier. Dans une petite carrière de pierre blanche béante d'un côté de la route en plein soleil, je me suis couché avec quelques camarades dans de hautes fougères. J'étais presque endormi lorsque, tout à coup, le bruit d'un obus éclatant, qui venait de tomber à proximité, se répandit en vagues vibrantes à travers les arbres dont chaque feuille semblait bruisser.

A l'entrée de la carrière apparut un tireur titubant d'un côté à l'autre, le visage mortellement pâle. Il saisit son coude droit avec sa main gauche et se laissa tomber parmi les fougères.

"Oh!" il murmura : "Je suis touché !"

"Où?"

D'un léger mouvement de tête, il montra son coude ouvert et qui saignait. Et tout à coup, de la route qui faisait ici deux virages successifs puis s'enfonçait sous une voûte sombre de grands hêtres, sortit un bruit confus de gémissements, de cris et de piétinements.

Un chauffeur s'est précipité sans son képi, le visage ruisselant de sang.

"Viens vite... c'est tombé là-bas... c'est tombé sur la route ! Tout est foutu, les chevaux sont là-haut... Oh, mon Dieu !...

"Es-tu blessé ?"

"Nulle part?"

"Ta joue...."

"Oh, ce n'est rien, c'est un cheval, mon hors-cheval... Allez !"

D'autres obus sifflèrent au-dessus de nous. Nous avons commencé à courir. Soudain, au détour d'un chemin, je m'arrêtai net, essoufflé, paralysé par un spectacle épouvantable.

Sous le soleil qui, perçant les branches, marbrait la route blanche, gisait une masse informe d'hommes et de chevaux mutilés. Les équipes entières de la forge et du chariot de magasin étaient soudées ensemble dans un tas de chair sanglante se tordant. Les hommes se débattaient en dessous. Au milieu de la route se trouvaient deux artilleurs, face contre terre ; d'autres se traînaient sur leurs mains parmi les chevaux de selle tombés. Les blessés circulaient dans les fossés.

De ce désordre sortaient de longs gémissements semblables aux cris déchirants poussés la nuit par certains animaux, un « Aaah !... aaah ! » sourd et interminable. monter et descendre comme une chanson sauvage. Le sang coulait à flots dans les caniveaux de chaque côté du chemin. Une puanteur nauséabonde, comme celle d'un abattoir, une sorte de chaleur, une odeur de chair fumante et de sang qui coule, une odeur de chevaux, d'entrailles et de gaz d'animaux nous serrait la gorge et nous retournait l'estomac.

Un homme, enterré sous l'équipe de la forge, avait réussi à passer son bras à travers un amas d'intestins enchevêtrés, mais les viscères lui avaient serré le poignet avec ténacité. Il les secoua furieusement, projetant des jets de sang dans toutes les directions. Autour de lui, les chevaux se tordaient dans leur agonie, brisant le vent, crottant, rassissant et grattant le sol de leurs membres raidis, leurs fers grinçant de façon stridente sur les silex. A l'agonie, ils s'efforçaient d'en saisir les traces et on entendait un bruit de chaînes qui craquaient. Le véhicule auquel ils étaient attelés a avancé de quelques centimètres, puis a reculé.

A proximité gisait un fantassin mort, dont toute la poitrine n'était qu'une blessure béante. Dans ses yeux bleus grands ouverts, il y avait une expression fixe d'horreur qui me transperça le cœur comme un couteau. Un artilleur, le ventre déchiré, avait été plaqué sur la route, presque debout, par un cheval blessé qui, saignant aux narines, était tombé sur ses pieds.

Chaque fois que les gémissements et les lamentations s'arrêtaient une seconde, on entendait le bruit du sang qui bouillonnait et coulait ruisseau par ruisseau et goutte à goutte, et le gargouillis des intestins qui gisaient en une masse rose et blanche enchevêtrée sur la route.

J'ai couru pour aider l'homme enterré sous l'équipe de la forge. Son visage était tout rouge et horriblement convulsé, ses cheveux et sa barbe étaient glués de sang, et ses yeux blancs roulaient comme ceux d'un asphyxié. Un cheval en agonie menaçait de tuer un tireur blessé aux reins qui se traînait sur ses mains, alors j'ai rapidement tué l'animal d'un coup de revolver. Ce fut alors seulement que j'aperçus, étendu entre deux chevaux, mon ami M..., très pâle, les yeux fermés. Je courus et l'entourai de mon bras pour le relever... Tout mon sang cessa soudain de couler, mon cœur cessa de battre... Mon bras s'était enfoncé jusqu'au coude dans une énorme blessure au ventre de mon ami. dos....

Je me suis levé. Pendant un instant, la scène horrible tourna en rond... Je crus que j'allais m'évanouir d'horreur. J'ai posé ma main - dégoulinante de sang - sur mon front... J'ai barbouillé mon visage de sang. Pour ne pas tomber, j'ai dû m'appuyer contre la roue de la forge.

Un infirmier de l'hôpital avait réussi à extraire de l'ambulance quelques civières intactes, qui avaient également été brisées par l'obus. D'un côté de la route, le médecin, encore très bouleversé, lui-même légèrement blessé par l'explosion, s'occupait de quelques premiers secours. Trois d'entre nous hissèrent sur une des civières un gros tireur blond à moustache gauloise, dont le pied, presque complètement séparé de la jambe, pendait en l'air, et qui hurlait de douleur. Nous nous souvenions qu'il y avait un poste de secours au pied de la colline, à la lisière du bois.

Nous partîmes en pliant les genoux pour heurter le moins possible la civière, mais nous devions continuellement enjamber les membres épars des chevaux et nous frayer un chemin entre des cadavres si défigurés qu'ils étaient méconnaissables.

Un blessé me serra la jambe au passage, soulevant une face mortelle que le sang, coulant de son oreille, avait entouré d'un collier sanglant. Ses yeux nous imploraient de nous arrêter, et d'une voix basse de profonde supplication il murmurait :

"Pour l'amour de Dieu, ne me laisse pas ici !"

Mais nous ne pouvions pas transporter deux hommes à la fois. Je me suis penché un peu :

"Les autres arriveront dans une minute ou deux avec l'autre civière. Ils t'emmèneront. Viens, lâche-moi le pied !..."

Nous sommes sortis du désastre et avons recommencé à respirer....

Le tissu aux mailles serrées du brancard retenait le sang du blessé, dont le pied nageait dans une mare rouge. Il souffrait horriblement et se tordait les bras en gémissant :

"Oh, mon pied !... Tu me secoues... Oh, comme tu me secoues !"

Et puis:

"Pour l'amour de Dieu, marchez lentement !"

Malgré tous nos efforts, nous ne pouvions éviter les tremblements qui lui causaient tant de douleur, et il continuait à murmurer, sa voix devenant de plus en plus faible :

"Marchez, marchez... lentement !..."

Ses lèvres répétaient silencieusement « marche » jusqu'à ce qu'une nouvelle secousse le fasse crier.

Devant l'hôpital de campagne, des médecins avaient improvisé une table d'opération dans un endroit ombragé de la route. Les blessés étaient disposés en rangées au bord du fossé. Un gros docteur avec quatre galons sur le bras courait çà et là en criant.

Portés sur des civières ou boitant à pied, seuls ou avec l'aide de leurs camarades, les blessés arrivent. Le menton d'un homme n'était qu'une gelée sanglante ; un de ses yeux était fermé et l'autre grand ouvert.

Le cheval du vétérinaire, touché par un éclat d'obus, avait suivi le blessé jusqu'à l'ambulance, mais dès qu'il s'est arrêté, il est tombé à genoux au bord de la route. Les yeux de l'animal étaient pleins d'une souffrance presque humaine, et alors qu'il tournait la tête vers moi, je lui tirai un coup de revolver dans l'oreille. Avec un bruit sourd et lourd comme celui d'une hache qui s'enfonce profondément dans un tronc d'arbre, l'animal tomba sur son flanc, et du haut de la pente qui longeait la route, roula deux fois dans le champ en contrebas.

Nous avons dû immédiatement retourner sur les lieux du massacre, où nous avions cruellement besoin de nous. Dès que j'ai quitté l'air frais et le soleil et que je suis rentré dans les bois, je me suis senti presque paralysé par la pensée de ce que j'allais voir, et les ombres des arbres, devenant plus sombres à mesure que la lumière du jour diminuait, contribuaient à intensifier ma peur.
.

"Allez!..."

Deux chevaux de selle, aux blessures saignantes, s'éloignaient d'instinct du désastre. D'un pas hésitant, ils descendirent lentement la route vers le soleil. Les chevaux morts avaient été dételés et traînés d'un côté du chemin, mais deux artilleurs étaient restés couchés au milieu de la route, et quelqu'un, soit par habitude, soit par pitié pour les morts, avait cassé deux chevaux. branches d'un des hêtres et s'étaient couvert le visage de feuilles.

Dans les caniveaux, les rivières de sang s'étaient figées. L'odeur chaude et fétide, emprisonnée sous la voûte des arbres, flottait encore dans l'air, plus nauséabonde et terrifiante que jamais. Les efforts des hommes pour dételer les chevaux et dégager la chaussée avaient fait éclater et briser les intestins, et ils traînaient désormais partout, couverts de poussière, séparés de plusieurs mètres des corps béants et vides d'où ils étaient sortis. été déchiré.

Deux prisonniers, des hommes de grande taille dont la taille était augmentée par leurs longs manteaux gris et leurs casques pointus, descendirent du plateau. Les fantassins qui les accompagnaient, craignant que ce spectacle de mort ne causât un trop vif plaisir à leurs ennemis, leur avaient bandé les yeux et les avaient fait entrer et sortir des cadavres par la main. Mais les Allemands avaient reconnu l'odeur du sang. Une ligne d'inquiétude leur barrait le front et ils reniflaient continuellement l'air vicié.

Lundi 14 septembre

A Attichy, nous passâmes la nuit dans de splendides granges bien fermées, où le foin gisait profondément, mais notre repos fut troublé par d'horribles cauchemars. J'ai rêvé que je me roulais parmi des cadavres mutilés dans des rivières de sang. Quand je me suis réveillé, il pleuvait.

Un compatriote à moustache blanche et tombante nous apporta de la bière et du vin dans des seaux. Il vivait dans une maison isolée, bien visible de notre grange, dans un bosquet à flanc de colline. Pendant l'occupation allemande, il avait quitté sa maison, jugée trop solitaire, et s'était installé au village. Lorsque l'ennemi est parti avant-hier, il était rentré chez lui accompagné d'un fantassin. Il avançait devant quand, par la porte d'entrée défoncée, il aperçut, dans le couloir, un Allemand casqué en train de le viser. Il sauta sur le côté, exposant le soldat français derrière lui, sur quoi l'Allemand laissa aussitôt tomber son fusil et leva les mains. Les deux Français l'ont saisi et, l'ayant assis sur une chaise dans la cuisine, lui ont tiré une balle dans la tête. Là, ils le laissèrent, toujours assis, la tête sur la poitrine et le sang coulant de son front entre ses genoux sur le carrelage, et s'en allèrent reconnaître les environs de la maison et du jardin. Ils ne purent rien découvrir de suspect, mais lorsqu'ils retournèrent à la cuisine, ils la trouvèrent vide. De l'Allemand, il ne restait plus qu'une mare de sang devant la chaise. Mais près de la porte et dans l'escalier il y avait des taches rouges et on entendait des gémissements venant du grenier.

Nous avons demandé au paysan :

"Eh bien, qu'as-tu fait de ton Boche ?"

"Oh, il est toujours dans mon grenier," répondit-il placidement.

"Mais il faut le sortir de là. Il va bientôt commencer à sentir mauvais !"

"Oui, je vais lui creuser un trou cette nuit près du fumier."

Et comme j'ai osé dire qu'au lieu de tuer cet homme par trahison, ils auraient pu le faire prisonnier, vu qu'il s'était rendu :

"Pourquoi?" demanda le paysan. "Ne m'aurait-il pas tué si j'avais été tout seul ? Et pourtant je suis un civil !"

"Non!" » ajouta-t-il, « nous ne tuerons jamais assez de ces porcs !

Le vent s'était levé et la pluie avait cessé. Notre groupe a avancé le long de la route de Compiègne qui longe le fleuve. Mais nous avions à peine parcouru un kilomètre que l'on nous a donné l'ordre de nous arrêter. Nous nous préparâmes à préparer notre soupe, mais il n'y avait pas d'eau et je cherchai en vain une source ou un puits. Finalement nous avons décidé de puiser de l'eau dans l'Aisne. Sur la rive opposée, un Allemand mort gisait parmi les joncs, la moitié de son corps immergé dans le ruisseau. Bon, on ferait bouillir l'eau, c'est tout ! Il faut manger !

A la tombée de la nuit, un cavalier arriva avec des ordres. Nous partons au trot.

Sous le vent d'un haut mur se reposaient des spahis, leurs burnous faisant des taches rouges au crépuscule. Près d'eux, leurs petits chevaux étaient immobiles sous leurs harnais compliqués. Contre un pommier s'appuyait un Arabe aux traits magnifiquement découpés, aussi réguliers que ceux d'une statue. Sous le capuchon de laine pourpre, son visage brun exprimait cette mélancolie résignée, à la fois si pitoyable et si noble, dans laquelle les hommes de sa race languissent toujours loin du désert. Ses grands yeux noirs apathiques, qui semblaient fixés sur quelque chose au loin, avaient une lueur mystique. Il semblait avoir froid. Les artilleurs l'accueillirent en souriant :

"Bonjour ! vieux Sidi !"

Mais l'Arabe, sans bouger, ne répondit que par un clin d'œil condescendant.

Les batteries prirent position, la première file de wagons s'arrêtant derrière un paravent d'acacias. Le silence de la nuit était à peine rompu par le murmure confus de la bataille lointaine, que tout à coup, comme à un signal donné, plus de quarante canons de campagne français, presque à l'unisson, tirèrent une volée effroyable à travers le plateau.

Les éclairs vifs des gueules fendaient le crépuscule comme des éclairs rouges. L'air continuait de vibrer. C'était comme si l'atmosphère était remplie d'énormes ondes sonores se précipitant et se fendant les unes contre les autres comme les vagues de l'océan lors d'une tempête. La terre frémit en réponse au tintement de l'air. Peu à peu, la nuit devint plus sombre.

Nos batteries tiraient certainement sur des points de visée enregistrés. L'ennemi ne répondait que de temps en temps, et parfois au hasard.

Soudain, une rumeur commença à circuler :

"Les Allemands s'entraînent ! Cette gare est bombardée !..."

"Oh, eh bien, je ne devrais pas les empêcher de prendre leurs billets", dit un réserviste à l'air imperturbable. "Je ne devrais pas les déranger. Laissons-les partir et rentrons à la maison. J'ai une femme et deux enfants. Ce n'est pas une blague, la guerre !..."

Il faisait nuit noire lorsque les canons, un à un, se turent peu à peu. En quelques instants, ce fut un silence complet, un silence presque surprenant, presque inquiétant après la canonnade assourdissante.

Nous rejoignons les batteries. Sans bruit, l'une derrière l'autre, les voitures s'enfonçaient comme des fantômes dans l'obscurité, le champ mou, qui cédait sous les roues, donnant une étrange impression de coton. La clarté nocturne, diffuse et comme flottante, ne permettait pas de voir quel genre de champ il s'agissait que la longue colonne traversait sans secousse ni cliquetis, avec seulement de temps en temps un craquement de roues mal huilées.

Tout le pays sentait la mort, et cela n'était pas dû à l'imagination. Au loin, un bâtiment en feu se dessinait comme un point fixe de lumière. Les arbres massifs d'un parc voisin nous remplissaient de peurs sans nom.

La roue du fauteuil passait sur quelque chose de mou et d'élastique qui cédait sous le poids. J'étais sûr que c'était un homme mort et je regardais derrière moi avec crainte. Mais je ne voyais rien.

Nous nous arrêtâmes aux abords d'un village appelé Tracy-le-Mont, où nous attendait le train de ravitaillement. Des rations furent distribuées, les hommes en manteau se tenant debout en cercle noir autour du chariot de provisions, qui était éclairé par une lanterne solitaire. Hutin et Déprez en faisaient partie. Quelqu'un criait les armes :

"Troisième Quatrième!..."

"D'abord!" s'écria Hutin.

"Tu as raté ton tour. Tu vas devoir venir en dernier maintenant."

Nous avons discuté en attendant. Hutin était très fatigué et avait faim.

"Il y a de la bonne bouffe", dit-il. "Nous allons chercher de la viande fraîche."

"Oui, mais les feux seront interdits."

« Je suppose que vous n'avez pas vu le maître de poste ? » demanda-t-il soudain.

"Non pourquoi?"

"Parce qu'en première ligne, tu le vois plus souvent que nous."

"Eh bien, j'ai commencé à douter de l'existence d'une telle personne."

" C'est vrai... La brute n'arrive jamais ! C'est foutu ! Si seulement on recevait des lettres parfois le temps passerait plus vite. La dernière que j'ai eue, c'était simplement de dire qu'ils n'avaient pas de nouvelles de moi. Il paraît que dur!"

« Premier pistolet ! »

— Enfin, dit Hutin. "Au revoir, mon vieux ! Je pars chercher ma nourriture. Essayez de nous revenir bientôt."

mardi 15 septembre

Il faisait un temps magnifique à notre réveil. Pendant la nuit, il avait plu un peu, mais nous avions entouré nos canons de brassées de foin ramassé sur de grosses meules voisines. Je dormais sous le wagon à munitions, qui m'abritait jusqu'aux genoux, et j'avais couvert mes pieds de deux gerbes. Le sol n'était pas très humide et j'ai bien dormi malgré la douche.

Avec l'aube, le ciel s'éclaircit. L'air était doux et chaud, et les grands arbres, dans leur infinie variété de nuances de vert, se détachaient en silhouettes nettes sur le bleu pâle du ciel. L'herbe, bien que coupée court, maintenant que l'été touchait à sa fin, avait retrouvé un peu de sa fraîcheur perdue.

Çà et là, dans les champs, des tas sombres arrêtaient le regard. C'étaient les corps des Allemands tombés au combat. Dès qu'on en a vu trois ou quatre, on les cherche instinctivement partout, et une gerbe de blé oubliée au loin ressemble à un cadavre.

Nous partîmes, les roues des voitures de tête traçant une trace bien marquée à travers les champs. D'un côté gisait un Allemand mort. Les véhicules l'avaient frôlé au passage et lui auraient écrasé les pieds si les conducteurs ne l'avaient pas aperçu à temps. Son visage était encore cireux, et seules les orbites commençaient à verdir. Les traits solennels et réguliers ne manquaient pas d'une certaine beauté virile.

L'homme assis à côté de moi sur le chariot regarda longuement le visage du mort comme s'il essayait de saisir sa dernière expression.

"Pauvre diable!" dit-il en haussant les épaules.

Un peu ému moi-même, je répétai :

"Oui, pauvre diable !"

Mais le conducteur du volant, qui avait laissé derrière lui une femme et des enfants et se demandait comment ils allaient, se retourna sur sa selle :

"Cochon sale!" grogna-t-il.

Ce matin, la bataille a commencé tôt et avec une violence inhabituelle sur un front qui semblait s'étendre d'est en ouest. À perte de vue, le ciel était couvert de fumée d'obus.

"Là-bas !... Et ils ont dit que les Allemands allaient, qu'ils entraînaient ! Vous les voyez là-bas ?... Des brutes !"

"Oui. Ils descendaient de l'entraînement !"

Les hommes maudissaient amèrement leur crédulité d'autrefois. Je savais néanmoins que ce soir ils seraient prêts à croire à la nouvelle de l'arrivée des Russes à Berlin, pourvu qu'elle soit suffisamment vigoureusement affirmée.

Nous avons appris la vérité grâce à des fantassins de passage. Les Allemands s'étaient fortement retranchés sur les collines boisées et dans les carrières. La poursuite fut retardée et une nouvelle bataille était sur le point de commencer.

J'ai demandé à un sergent :

"Mais ce ne sont pas les Allemands que nous avons talonnés hier et avant-hier, n'est-ce pas ?"

"Non," répondit-il, "ce doivent être des troupes qui étaient derrière eux en Belgique."

La première ligne, installée dans une vallée étroite, réapprovisionnait toutes les demi-heures la batterie qui, positionnée à proximité d'une grande ferme, vidait wagon après wagon plein d'obus. L'artillerie allemande balayait la plaine, et quelques obusiers de six pouces, dont l'objectif semblait être le détour d'une route voisine, visant trop haut, menaçaient à tout moment de nous surprendre dans un feu d'enfilade. Par contre un de leurs 77 mm. des batteries avaient ouvert le feu sur un bois dominant l'autre extrémité de la vallée. Il n'était pas question d'essayer de sortir de cette position inconfortable par la plaine. L'ennemi nous verrait et ses obusiers nous atteindraient facilement. L'officier responsable du train, le lieutenant Boutroux, était perplexe. Finalement il décide d'affronter le 77 mm. des fusils, et nous avons commencé à travailler à la lisière du bois, des éclats d'obus éclatant au-dessus de nos têtes. Bientôt, la vallée s'incurve vers l'intérieur. La zone dangereuse a été dépassée. Indemnes et bien protégés de l'ennemi, nous avons pris une nouvelle position dans un autre ravin presque exactement semblable à celui que nous venions de quitter.

Nous manquions d'eau et, pour en trouver, nous devions suivre un chemin qui traversait le champ jusqu'à des granges, du toit desquelles des tuyaux descendaient jusqu'à deux réservoirs d'eau. Une échelle était appuyée contre l'une de ces dernières, et j'y grimpai par curiosité. Les tôles de l'intérieur étaient couvertes de rouille, et de l'eau trouble qui s'enfonçait lentement, sortaient une vieille botte, une casquette de feutre et toutes sortes d'objets informes en tissu ou en métal, enduits de bave verte. Il fallut néanmoins se contenter de cette eau !...

Le bruit de la bataille n'indiquait aucune décision ; il ne s'approchait ni ne s'affaiblissait. Les blessés qui passaient nous racontèrent que depuis le matin l'infanterie était continuellement lancée contre les forts retranchements sans pouvoir les percer. Les tirs ne se ralentissent qu'à la tombée de la nuit.

Nous rejoignîmes les batteries, traversant la plaine désormais cachée à l'ennemi par l'obscurité tombante. Quelque part, une mitrailleuse crépitait encore. Une fine pluie flottait dans l'air et nous sommes rapidement devenus mouillés. Nous devions nous coucher à découvert parmi les mangel-wurzels et les chevaux n'étaient pas sortis des véhicules.

Il était presque impossible de dormir. Dès que nous sommes restés immobiles, nous avons commencé à frissonner et nos dents claquaient. J'avais une vague crainte que le froid, qui me parcourait le dos en longs frissons, ne me tue à l'improviste si je m'endormais.

Les pieds posés sur le volant, je me blottis sur le dessus du wagon à munitions, préférant le contact glacé de l'acier à l'humidité du sol. La pluie commença à tomber plus fort.

mercredi 16 septembre

Assez tôt ce matin, le bruit sourd et lointain d'un obusier résonnait encore et encore, et aussitôt après, comme tirés par un train de poudre, tous les canons du plateau se mirent à rugir.

Astruc arriva :

"Seigneur!" dit-il, "j'ai eu une drôle d'expérience hier soir ! Pensez-y... les autres avaient mis des sacs dans tous les endroits sous les chariots, et, comme je regardais autour de moi, j'ai vu un très gros type, long d'au moins six pieds, couvert avec une couverture au milieu du champ. «Eh bien, me suis-je dit, s'il y a de la place pour un, il y a de la place pour deux», et j'ai soulevé la couverture et me suis blotti à côté de lui. Mais en m'endormant . Je l'ai tiré petit à petit vers moi. Soudain, le long se redresse, bien réveillé, et commence à me secouer !... D'abord, je n'ai rien dit, j'ai fait semblant de dormir, mais il a continué à trembler ! moi, puis il a crié : « Qu'est-ce que tu penses faire ? Finalement, j'ai grogné : " Très bien ! Pas besoin de faire un tel tapage... " Et puis je me suis frotté les yeux et je me suis levé... Savez-vous qui c'était ?... C'était le Major ! je lui avais retiré sa couverture ! Je n'ai pas perdu la tête. Je lui ai dit que je me sentais terriblement malade, prêt à mourir et qu'il n'y avait plus de place sous le chariot... Puis il a murmuré quelque chose : Je ne sais pas quoi, et je me suis réinstallé. Je n'ai pas hésité un instant, mais je me suis allongé à côté de lui : "Eh bien, pour l'amour de Dieu, ne prends pas toute la couverture, en tout cas !"

La batterie partit prendre position, et la première file de wagons revint au ravin où nous nous abritions hier.

Mon poignet me faisait mal. Malgré le pansement, la plaie avait été empoisonnée par le sang des blessés et des morts d'Attichy.

Le maître de poste arriva avec un sac plein de lettres.

« Chez eux, ils semblent penser que la guerre durera jusqu'au Nouvel An », a déclaré quelqu'un.

"Mais les Russes ?"

"Oh ! les Russes..."

"Eh bien, voyons... Octobre, novembre, décembre... Cela fait encore trois mois et demi... Eh bien, nous serons tous morts de froid avant cela !"

A cinq cents mètres à peine de notre parc, de grands bâtiments agricoles s'enflamment soudain, les murs entourant la cour se dessinant sur les champs nus comme un immense carré de maçonnerie lumineuse. La fumée s'élevait d'abord en spirales lourdes et sombres, percées çà et là d'éclairs jaunes, puis s'élevait droit dans le ciel clair en une haute colonne.

Nous savions qu'il y avait des moutons dans la ferme. Les bombardements avaient cessé et je décidai de sauver un ou deux animaux pour compléter nos rations ordinaires. Deux artilleurs de la 12e batterie, dont les affûts étaient alignés près des nôtres, eurent la même idée.

Nous partîmes le plus rapidement possible vers la ferme. Le champ que nous devions traverser avait été labouré hier par les obusiers allemands. L'ennemi pensait sans doute que l'infanterie était cachée derrière les bâtiments, et toute la journée ses gros canons avaient vainement fauché les mangelwurzels.

« Ils se sont mis au travail comme s'ils voulaient planter des arbres par cinq », remarque un de mes compagnons. Et il ajouta :

" Et ils ont très bien fait leur travail ! J'en sais quelque chose, car je suis jardinier. "

Au bord d'un cratère d'obus, deux gendarmes gisaient côte à côte parmi les mottes de terre éparses. L'un d'eux, un grand homme aux cheveux roux, avait une grande blessure béante à la poitrine, et son bras droit, replié dans une posture étrange, semblait avoir deux coudes. Le corps de l'autre, un caporal aux cheveux gris, semblait intact, mais dans une de ses orbites il n'y avait qu'un caillot de sang, et l'œil lui-même pendait à sa tempe au bout d'un tendon blanc.

"Pauvre vieux!" dit le jardinier.

Il se pencha sur le cadavre avec son horrible visage borgne regardant le ciel et le couvrit avec révérence du bonnet à insigne d'argent qui était tombé près du côté du mort.

Derrière l'un des toits d'ardoises bleues, encore intact, de vives flammes éclataient maintenant mais furent aussitôt étouffées par les nuages de fumée. Un magnifique sapin conique, d'aspect funéraire, montait la garde au-dessus du feu comme une sentinelle solitaire.

Nous nous approchons du bâtiment. Près du mur de la cour se trouvaient deux artilleurs et quelques chevaux. Ils venaient d'être tués et le sang sur le sol était encore rouge. J'ai reconnu l'un des hommes comme étant l'infirmier d'un de nos officiers. L'autre était tombé face contre terre, les bras croisés sous lui.

Un obus avait fait un grand trou dans la cour. Trois canards, malgré la chaleur des flammes, barbotaient dans un petit étang vert près d'un fumier de forme carrée. Un autre, dont la tête avait été coupée par un éclat d'obus, gisait sur le côté, au bord de l'eau.

Sur le fond formé par le grand rideau sombre de fumée qui, d'où nous nous trouvions, cachait la moitié du ciel, le squelette d'une grange se détachait comme une fascinante charpente de métal en fusion. De longues flammes jaillissaient de l'embrasure de la porte et léchaient une charrue et une herse qui y étaient abandonnées. Au-dessus de la pousse de foin, une poulie pour hisser le fourrage, montée dans un renfoncement devant le bâtiment, était chauffée au rouge. Le rugissement des canons n'était plus audible, noyé par le crépitement du feu et le sifflement aigu des étincelles qui tombaient dans l'étang. L'un des canards, piqué par un éclat rougeoyant, secouait ses plumes.

"Nous n'y arriverons pas trop tôt", dit le jardinier. "Le mouton sera déjà à moitié cuit."

La bergerie n'était séparée du hangar, maintenant allumé, que par un fournil, et déjà pleine de fumée, à travers laquelle les dos laineux des animaux surgissaient comme des nuages encore plus denses. La porte était ouverte, mais les bêtes stupides ne s'étaient pas enfuies et s'étaient serrées contre le mur du fond, sous la fenêtre communiquant avec le fournil, par où entrait la fumée qui les asphyxiait peu à peu. Blottis les uns contre les autres, ils s'avancèrent comme pour essayer d'abattre le mur avec leur front.

"Allez," dit le jardinier. "Toi, Lintier, reste là... à la porte. C'est comme ça que nous procéderons. Nous nous précipiterons tous les deux à l'intérieur et chacun en retirera un, et vous leur tirerez une balle à travers lorsqu'ils sortiront. Comprendre?"

"D'accord!"

J'ai aperçu les formes sombres des deux hommes qui se déplaçaient dans la fumée. Puis j'entendis un raclement de sabots durs sur le sol et un des artilleurs reparut, saisissant à deux mains la queue d'un gros mouton qu'il tirait à reculons. J'ai tué l'animal sur le seuil, et aussitôt après une seconde. Le jardinier revint en chercher un troisième.

Je replaçai mon revolver dans l'étui et chacun de nous hissa un mouton sur ses épaules. Ils nous entouraient le cou comme de lourdes fourrures, que nous maintenions en place en saisissant les pieds pointus rassemblés devant, deux à deux. De leurs têtes qui pendaient derrière, du sang coulait dans nos dos. Nous avons commencé par traverser le champ de mangel-wurzel.

Soudain le jardinier s'écria :

"Écouter!"

Nous sommes arrêtés.

"Vers le bas!"

"Ont été vus!"

Nous entendîmes le cri d'un obus lourd qui approchait, et aussitôt nous nous jetâmes à terre derrière les moutons, qui formaient une sorte de rempart. Les obus sont tombés entre nous et la ferme. Nous nous relevâmes d'un bond et, malgré nos lourds fardeaux, nous courîmes jusqu'à ce que nous soyons hors de la ligne de mire. Nous dépassâmes les gendarmes morts et ne nous arrêtâmes que lorsque nous atteignîmes une rangée de peupliers qui nous cachait aux regards. Trois projectiles fondirent sur l'endroit que nous venions de quitter.

En serpentant à travers les bosquets et les creux du plateau, nous regagnons le parc en toute sécurité.

Je repris place sur un fagot de bois près du feu, tandis qu'un tireur, boucher de son état, dépeçait méthodiquement un des moutons pendu par le pied au chariot-magasin.

Tandis que je conduisais les chevaux boire aux citernes, je pris un raccourci à travers les champs dans l'espoir de trouver des pommes de terre, des betteraves ou peut-être des oignons. Nous avions particulièrement besoin d'oignons, car certains de nos plats étaient très fades et nous ne connaissions aucun autre parfum.

Je ne trouvai ni oignons ni pommes de terre, mais, de l'autre côté d'une butte, j'aperçus des fantassins étendus sur les gerbes de blé lâches. Leurs culottes rouges étaient visibles de loin. Évidemment, certains de ceux qui étaient tombés dans les combats du 12.

Dans un creux, un peu plus loin, je rencontrai aussi des cadavres allemands. Treize Français et dix-sept Allemands y étaient tombés presque côte à côte. Et pourtant les Français semblaient plus nombreux. Des taches rouges sur le jaune des chaumes, elles attiraient le regard, alors que les Allemands étaient à peine perceptibles.

Les armes et les sacs des morts avaient été emportés, et les manteaux, tuniques et chemises avaient été déboutonnés pour permettre d'épingler les médailles. Leurs cous, leurs poitrines nues et leurs paupières étaient déjà devenus gris verdâtre. Un petit sergent, tombé à la renverse sur les gerbes qui lui couvraient désormais la tête, tenait toujours son bras droit en l'air. Les doigts raidis de sa main tendue semblaient serrés dans une étreinte d'agonie. Sur sa manche, le lingot d'or brillait au soleil.

Tandis que je passais, des hirondelles, dont le vol bas annonçait la pluie, effleuraient la butte, leurs ailes pointues touchant légèrement les morts.

jeudi 17 septembre

Notre file de wagons reste toujours dans le même creux et la batterie n'a pas changé de position. Bien qu'au cours des deux derniers jours il ait tiré plus de cinq cents obus, l'ennemi n'a pas pu découvrir où il se trouvait.

Les combats se poursuivent, devenant de plus en plus violents, près de Tracy-le-Mont, Tracy-le-Val, Carlepont devant nous, Compiègne à l'ouest, et à l'est, parallèlement à l'Aisne, vers Soissons.

Nous n'avons ni avancé ni reculé, et c'est tout ce que nous connaissons de l'engagement. Nous avons commencé à prendre des habitudes ici ; la soupe est servie et les chevaux sont abreuvés à la même heure chaque jour.

Ce matin, en me rendant aux réservoirs d'eau, j'ai vu un curé d'apparence étrange. Assis à califourchon sur son cheval au milieu de la route, il discutait avec un groupe d'artilleurs et de fantassins environnants. Il était botté et éperonné, et une longue cape imperméable, attachée sous son menton, flottait sur la croupe de son cheval. Une grosse croix de bois pendait à son cou, à la lanière vernie de son étui de revolver, et dans sa large ceinture noire il avait enfoncé une baïonnette allemande.

Debout sur les étriers, il ressemblait à un étrange moine militant en caressant l'encolure de son cheval.

"Oui," dit-il, "c'est une belle bête. Il appartenait à un uhlan que j'ai trouvé après la bataille de la semaine dernière, près de Nanteuil, où j'allais confesser. Il avait été abandonné, alors je l'ai emmené. Il est c'est bien mieux que de marcher."

Et il ajouta :

"Il m'a sauvé la vie hier.... Je me rendais aux avant-postes où il y avait eu des combats et où j'avais entendu dire que j'étais recherché. J'étais assez seul, et soudain j'ai rencontré une patrouille de uhlans. Ils m'ont tiré dessus. , mais je l'ai raté. J'étais en colère de ne pas pouvoir aller où je voulais, et en me retournant, je leur ai laissé tirer un coup de revolver. En tant que prêtre, je n'aurais pas dû faire ça, n'est-ce pas ? J'en ai vu un tomber. Les autres m'ont poursuivi, mais mon cheval est parti comme le vent, et après un certain temps, ils ont abandonné la poursuite et je les ai suivis. Je ne comprenais pas un mot de français. J'ai pu lui donner l'absolution avant sa mort, mais c'était un quasi-rasage ! »

La nuit tombait lorsque nous rejoignîmes la batterie. Il pleuvait et nous nous demandions si nous n'allions pas encore dormir dans la boue.

Je trouvai mes camarades du premier canon, Hutin, Millon et Déprez, couverts de fange et noirs de poudre, le visage décharné de lassitude.

"Bonjour!"

" Ah ! Lintier ! " dit Hutin. "Nous avons passé un mauvais moment aujourd'hui ! Je ne sais vraiment pas pourquoi nous sommes encore là !... Je ne sais pas... Demandez à Millon..."

Millon hocha la tête. Il semblait à bout de forces.

"Gratien est mort."

"Oh!"

"Tué alors qu'il montait à cheval... un petit éclat dans la colonne vertébrale. Il ne bougeait pas... Un obus traversa le bouclier du troisième canon sans éclater... Et un autre tomba à moins de deux mètres hors de notre tranchée!"

" Ah ! Celui-là a éclaté. Nous avons été très secoués... Mes cheveux et ma barbe étaient roussis. "

"Personne n'a été blessé ?"

"Personne dans la batterie, sauf Gratien, qui a été tué... Mais oui ! Pelletier s'est fait écorcher le front par un éclat. Venez voir le wagon à munitions, c'est comme une râpe à muscade. Il a commencé à de la fumée à la fois. Supposons qu'il ait explosé !... Il était plein... trente-six obus explosifs !..."

Il faisait maintenant assez sombre, alors nous avons allumé les lampes tempête. Quelqu'un a crié :

"Onzièmement, à vos logements !"

"Droite!"

"Premier canon... cinquième canon..."

"Cinquième!"

"À vos logements, onzième !"

Nous suivions un homme portant une lampe-tempête et constatâmes que nous devions partager nos logements avec des fantassins du sud dont l'accent sentait pour ainsi dire l'ail.

Les hommes de la batterie de tir se laissèrent tomber dans la paille comme des chevaux crevés, et, après m'être assuré d'un endroit chaud, je sortis avec quelques camarades de première ligne pour chercher à manger et à boire.

Les rues étroites et mal pavées étaient animées de formes sombres d'hommes se bousculant, du va-et-vient indistinct des cavaliers et des chariots, du bruit de plusieurs pas marchant dans la boue, et du bruit confus des voix et des respirations.

Un petit café, près duquel le trottoir avait été défoncé par un obus dans l'après-midi, était rempli de fantassins, d'hommes de l'ASC et de zouaves.

Les bouteilles, les cruches et les verres posés sur le comptoir cachaient à moitié la lampe de cuivre sans abat-jour qui éclairait la pièce, et projetaient sur les murs d'immenses ombres grossières à travers la pièce étroite et remplie de fumée.

Il y eut un brouhaha de voix et des rires. Tout le monde buvait, et le patron avait encore quelques liqueurs et du rhum. Les soldats épuisés se sont vite enivrés d'alcool, de tabac et de récits de guerre.

Ce petit café, où il y avait un peu de lumière, un peu de chaleur et tout un monde d'oubli, était un véritable havre de paix dans l'immense lassitude de la nuit, parmi les milliers de soldats étendus partout autour de nous, en plein air ou en plein air. des granges, dormant aussi profondément que les morts gisaient dans les champs sous les balles des éclats d'obus.

Nous avons réussi à trouver une bouteille de champagne. Jamais le pétillant du vin ne m'avait paru si délicieux.

Personne ne dormait lorsque nous regagnâmes nos logements. Malgré les plaintes des artilleurs, les fantassins du sud continuaient à parler, à jurer et à laisser la porte ouverte...

« Vous n'allez jamais dormir, les gars ? tonna un tireur du fond des ténèbres.

"Tiens ta mâchoire !"

"Tiens ! ferme la porte, n'est-ce pas ?"

Les hommes nous marchaient continuellement sur les pieds et la poitrine et laissaient tomber leurs fusils et leurs sacs sur nous. L'air était plein de grognements et de vitupérations. Il était presque minuit et Moratin s'énerva :

"Maintenant, vas-tu un jour te taire, espèce de... ! Si tu ne le fais pas, j'irai chercher le major !"

Une panoplie de jurons sortit de la paille. Les artilleurs ont répondu. Des hommes assoupis, se réveillant, criaient :

"Fermez votre bouche ! *Fermez-la* , vous entendez ?"

Vendredi 18 septembre

Le jour commençait à peine à se lever tandis que nous avancions lentement sur les routes de la plaine, nos chevaux s'enfonçant jusqu'aux boulets dans la boue argileuse.

Nous rencontrâmes de nombreux blessés : tirailleurs, zouaves et surtout soldats de ligne. Ils débordaient la route des deux côtés tandis qu'ils avançaient d'un pas lourd qui traînait dans les caniveaux et les flaques d'eau.

L'aube était brumeuse. Il était quatre heures et demie, mais nous ne pouvions voir les visages des blessés qu'au moment où ils passaient devant notre voiture, lorsque nous eûmes la vision de bandages blancs et d'autres rouge cramoisi. Mais lorsque les troupes passaient dans la lumière vague et incertaine, nous ne pouvions apercevoir qu'une mer de têtes et d'épaules qui roulait lentement.

Dans les yeux de certains de mes camarades qui hier étaient si proches de la mort et qui aujourd'hui étaient encore raides, fatigués et abattus, j'ai aperçu des regards d' envie. Ils étaient au courant des ordres qui étaient arrivés dans la nuit, à savoir que nous devions regagner nos positions d'hier.

Ils n'avaient pas peur, mais la familiarité avec le danger, qui les avait rendus courageux, n'avait en rien altéré leur amour de la vie, cette vie qu'ils sentaient bouillonner dans leurs veines et qui, dans quelques instants peut-être, pourrait être passée, avec tout leur sang rouge, sur le champ des mangel-wurzels. Ils pensaient à ceux qui étaient morts hier, au caporal Gratien, au capitaine Legoff, officier adoré de ses hommes, aux six numéros de la 6e batterie réduits à une bouillie informe et saignante au fond de leur tranchée.

C'est dans des moments comme ceux-ci, à la fois mélancoliques et solennels, où les craquements et les cahots réguliers des chariots et les battements de sabots mesurés des chevaux engourdissent les sens et rendent somnolent, que les pensées se tournent le plus amèrement vers l'avenir du passé. rêves, à toutes les joies et à tous les plaisirs promis, à tous les bonheurs que le passé a préparés et qui auraient pu se réaliser sans difficulté.

L'aube, je ne sais pourquoi, est toujours une heure triste. Et les matins de bataille, cette tristesse inhérente est rendue plus poignante par la crainte des expériences terribles et peut-être finales que le jour qui vient de naître peut nous réserver. Les regrets et les peurs s'enchaînent dans un cercle vicieux de pensée duquel il n'y a aucune issue.

On n'a qu'une envie, c'est de vivre, de revenir vivant le soir, mais de vaincre d'abord, d'empêcher l'ennemi d'atteindre nos maisons, et surtout de protéger les faibles et les proches derrière nous, en France, dont la vie est encore plus précieuse pour nous. nous que les nôtres. Conquérir! Et je vis toujours ce soir !

La batterie reprit position près de l'holocauste de la ferme, qui brûlait encore, et les chariots regagnèrent leur ravin.

Mon poignet me faisait beaucoup souffrir et le médecin voulait m'envoyer derrière les lignes en arrêt maladie, mais je préférais me reposer encore quelques jours avec les wagons et retourner ensuite à mon fusil.

La pluie commença à tomber à torrents. Au bord d'un champ de luzerne, un de nos chevaux, que nous avons dû abandonner hier, roulait dans son agonie. La paille que nous avions emportée, hachée par les roues des véhicules et par les sabots des chevaux, et mêlée à l'eau et à la boue qui s'étaient accumulées dans le creux argileux, formait une sorte de sables mouvants nauséabonds dans lesquels nous nous enfoncions jusqu'aux chevilles. -profond.

Les hommes n'ouvraient la bouche que pour jurer ou se plaindre. On ne trouvait plus de bois mort dans les bosquets ; tout avait été consommé hier et avant-hier. Nous ne pouvions pas allumer de feu. Des artilleurs de passage nous dirent qu'il y avait encore des fagots dans une ferme près des réservoirs d'eau, et nous nous y précipitâmes aussitôt. Dans la plaine, les cadavres ne gisaient plus parmi les gerbes lâches. D'un côté de la route de Tracy, qui n'était plus qu'un marécage, la terre avait été creusée au milieu du champ de mangel-wurzels et deux croix grossièrement taillées dans des planches marquaient la tombe.

La ferme où nous étions venus chercher du bois avait été aménagée en poste de secours. Les bâtiments entouraient une cour au centre de laquelle, près du fumier, étaient rangées plusieurs charrettes à bascule verte et marquées de la croix rouge. Dans un coin, un tas de coton, des bandages et des compresses tachés de sang brûlaient lentement.

Dans l'étable et les étables, on apercevait, à travers les portes entrouvertes, les gisants des malades et des blessés alignés sur la paille, sous les auges et les mangeoires vides. Certains infirmiers d'hôpital vêtus de toile étaient occupés à préparer de la soupe. Un médecin militaire passa d'un pas raide, vêtu de sa blouse blanche. Pas un cri de douleur ne fut entendu.

Dans le bûcher, des malades — neuf ou dix fantassins pâles et décharnés — gisaient sur des bottes de foin qu'ils n'avaient même pas dénouées. Un homme, que nous ne pouvions pas voir à cause de l'obscurité, respirait de manière stridente avec un bruit de moteur.

Les tirs ont été moins violents qu'hier. Un parc aéronautique avait été aménagé à quelques centaines de mètres de notre creux, derrière les fermes dans lesquelles l'état-major avait pris ses quartiers pour la journée. Cette proximité rendait notre position de plus en plus dangereuse. Les obusiers ennemis essayaient d'atteindre les avions stationnés sur le terrain, et bien qu'ils semblaient tirer au hasard, des obus tombaient continuellement çà et là aux abords de notre parc.

La journée s'achevait sans donner aucune indication sur l'issue de la bataille, qui durait déjà depuis cinq jours.

Mais vers le soir, un long convoi de *Carabas marocains* passa sur la route voisine, marchant vers le sud, vers l'Aisne. Ils étaient suivis par quelques fantassins. Quelle pourrait en être la signification ? Nous ne pouvions nous empêcher de nous sentir mal à l'aise.

Le crépuscule s'épaissit et les longs faisceaux dorés des projecteurs commencèrent à balayer la plaine. Sous la lumière dure et inflexible, les plus petits objets – une meule de foin, un hangar – projetaient d'immenses ombres d'encre sur le champ.

Ensuite, de l'artillerie passe, se dirigeant également vers l'Aisne. Nous ne pouvions pas voir les voitures, mais nous les reconnaissions aux grincements et aux cliquetis familiers. Parfois, ils s'arrêtaient un moment ou deux, puis un autre bruit devenait audible, un bruit semblable à celui d'un torrent lointain, provoqué par l'infanterie en marche sur une autre route à travers la plaine.

Il a recommencé à pleuvoir.

Nous rejoignîmes nos batteries aux réservoirs d'eau. Une marée incessante d'hommes frôlait nos voitures, leurs silhouettes sombres montant et descendant à mesure qu'elles passaient dans l'obscurité.

« De quel régiment s'agit-il ? J'ai demandé. Personne n'a répondu.

« De quel régiment s'agit-il ?

Apparemment un régiment d'imbéciles. Ils continuèrent à défiler dans l'obscurité sans répondre.

"De quel régiment s'agit-il ? Vous ne parlez pas français ?"

"Cent troisième."

"Où vas-tu?"

"Nous ne savons pas."

"Où vas-tu?" Je répète.

"Nous ne savons pas", fut à nouveau la réponse.

Sur les champs de mangel-wurzels qui bordent la route, nous apercevions des masses d'artillerie immobiles. Le corps d'armée prenait-il sa retraite ? Et pourtant, cette fois, nous n'avions pas été débordés... Je fus soudain pris d'inquiétude.

Il commença à pleuvoir plus fort. Sous le rayon mouvant d'un projecteur, j'aperçus une longue route noire d'hommes et de chevaux.

Mon affût s'était rapproché de celui du premier canon.

« Hutin ! »

"Ici ! Oui ? Bonjour, c'est toi !"

"Oui... Eh bien, est-ce qu'on prend notre retraite ?"

"Non."

"Quoi ? Toute la division recule !..."

"Nous sommes remplacés."

"Je le pense?"

"Oui. J'ai vu des artilleurs du Corps qui nous remplace."

"Dans ce cas, nous allons nous reposer."

"Non, je ne pense pas. J'ai entendu dire qu'ils envisageaient de faire un mouvement de retournement par la forêt de Compiègne et la forêt de Laigle avec la Division marocaine."

Pluie... obscurité... interdiction de fumer. L'obscurité environnante était animée de pas lointains, de grondements sourds de roues, de tintements d'armes et de respirations lourdes d'hommes et d'animaux.

Derrière les régiments d'infanterie de la division, nous commençons une marche lente interrompue par les arrêts des fantassins qui nous précédaient et par d'autres obstacles inconnus.

Vers minuit nous traversâmes l'Aisne. La pluie tombait toujours. Deux lampes tempête marquaient l'entrée du pont flottant construit par les ingénieurs. Le bordé cédait sous le poids de la colonne et on entendait l'eau claquer contre les fonds métalliques des bateaux.

La route était maintenant libre et les batteries qui les précédaient se mirent au trot. Un cheval emmêlé dans les traces arrêta nos chariots un moment ou deux, et avant que nous puissions rattraper la tête de la colonne, un carrefour nous arrêta brusquement de nouveau. Dans l'obscurité dense, rien n'indiquait la route empruntée par les véhicules de tête. Nous avons écouté... Un grondement lointain semblait venir de la droite et nous avons tourné dans la direction du son. Les cochers poussèrent leurs chevaux en avant. Nous avons tendu les yeux pour tenter de percer l'obscurité, espérant toujours voir la forme volumineuse d'un wagon de munitions ou d'un canon surgir de l'obscurité devant nous. Mais nous avons espéré en vain. La route devenait plus étroite, et à chaque instant nous risquions de tomber dans le fossé. Finalement, nous avons dû nous avouer que nous nous étions égarés.

Le lieutenant donna l'ordre de s'arrêter. Nous nous préparons à attendre le lever du jour avant de poursuivre notre marche. L'averse redoubla de violence et il fut impossible de trouver un abri. Les artilleurs se pressaient les uns contre les autres sur les caissons d'amortisseurs et restaient immobiles, tandis que les conducteurs piétinaient dans la boue à la tête de leurs équipes.

Accablé par la fatigue, j'avais commencé à m'assoupir malgré le froid et l'humidité de mes vêtements qui collaient à ma peau comme des cataplasmes glacés et semblaient aspirer toute la chaleur de mon corps. Soudain, j'ai entendu des pas éclabousser dans les caniveaux au bord de la route. Des hommes passaient devant le chariot. Je pensais que peut-être quelqu'un avait découvert une grange et les y conduisait. J'ai suivi.

Effectivement, après quelques minutes de marche, nous arrivâmes devant une maison dont la masse noire se dressait soudain devant moi, plus sombre que l'obscurité environnante.

Mon pied a heurté une échelle. Peut-être que cela menait à une fenêtre ? Je grimpai et me trouvai dans un grenier dont le parquet était pourri et cédait sous mes pas. Je m'agrippai à la charpente basse du toit et m'avançai avec précaution. Quelqu'un y dormait déjà ; J'ai entendu sa respiration. M'étirant soigneusement à travers les poutres et appuyant ma tête sur un fagot de bois, je me préparai à m'endormir. Il faisait presque chaud dans le loft.

samedi 19 septembre

Nous repartons à l'aube sous une pluie battante. La route, constellée par intervalles de cadavres de chevaux, serpentait à travers d'interminables bois de grands hêtres d'où ruisselait abondamment la pluie. Des enfilades interminables de tranchées inondées et désertes s'étendaient de chaque côté et se perdaient finalement dans les sous-bois. Des arbres hauts et lourds avaient été abattus et posés en travers de la route, qui avaient coulé sous leur poids. Et lorsqu'on les avait traînés dans les fossés pour laisser le passage libre aux troupes, leurs grosses branches avaient laissé de profondes égratignures sur la route, bientôt transformée en bourbiers par la pluie.

Nous traversâmes Pierrefonds, où, sous le ciel plombé, se dressaient les magnifiques silhouettes du château, au milieu de la verdure obscurcie par la pluie, puis entrâmes dans la forêt de Compiègne, avec ses hauts hêtres dressés en colonnades, au-dessous desquels s'étendaient de longues files de des tranchées inondées zigzaguant entre les arbres, avec ici et là une cabane primitive faite de branches et de fougères, et de plus en plus de chevaux morts.

Le soleil, éclatant entre deux nuages et perçant les feuilles, jetait des lumières vert émeraude sur la mousse mouillée. Parmi les tons sombres, les troncs clairs des bouleaux brillaient par intermittence.

Compiègne ! La ville, occupée par l'ennemi pendant quelques jours seulement, ne parut pas avoir beaucoup souffert. Des coups de feu étaient audibles de loin, vers le nord-est.

Nous traversons l'Oise et rejoignons nos batteries à Venette, faubourg éloigné.

Dans la grande salle d'une ferme où j'étais allé chercher des provisions, la fermière, matrone depuis plus de cinquante étés, dépeint à quatre artilleurs les horreurs de l'occupation allemande.

Elle s'est interrompue à mon arrivée.

" Du lait et des œufs ? Vous voulez les acheter ? Non ! Je ne les vendrai pas, mais je vous les donnerai... S'il vous plaît, attendez un moment. "

Et elle reprit son histoire.

"Eh bien, comme je le disais, c'était juste comme ça... devant leur père. Ils l'ont attaché dos à l'armoire pour qu'il ne puisse pas s'empêcher de tout voir. Ils étaient cinq ou six, et un officier. Ils ont violé les deux filles – seulement dix-huit et vingt ans, et des filles si gentilles et honnêtes aussi !... Oui, toutes les six, l'une après l'autre. Les pauvres criaient tout le temps !... Oh ! ce ne sont pas des hommes !... Ce ne sont que des bêtes !..."

Et baissant un peu la voix, mais sans gêne, elle continua :

"Plus d'une femme a vécu la même chose. Je l'ai fait... oui !... Et pourtant je ne suis pas une jeune fille... J'ai un fils qui est soldat comme toi... Oh, Mon Dieu, c'est affreux !... C'est arrivé un soir, à peu près à cette heure... quatre d'entre eux étaient arrivés ici pour dormir. Comment pouvais-je me défendre ?... Le mieux était de ne rien dire. des femmes qui ont essayé de se défendre et qui ont été simplement éventrées... c'est tout. Mon mari était dehors, en train de rentrer dans leurs affaires. Je me suis dit : "S'il entre, qu'est-ce qui va se passer ?... Il" je vais en tuer quelques-uns...'"

"Oui, je le ferais aussi ! Je les aurais tués !" interrompit une voix venant de l'obscurité au fond de la pièce.

Je n'avais pas vu l'homme assis, fumant sa pipe dans un coin de l'âtre.

Sa femme se tourna vers lui.

"Pauvre vieux chéri ! Tu aurais peut-être tué l'un d'eux, mais les autres nous auraient tués tous les deux... D'ailleurs, en ce qui me concerne, eh bien, je sais que je suis trop vieux !... " C'est ce que mon mari a dit, après... Cela n'entraînera aucune conséquence ! "

dimanche 20 septembre

Une longue marche sous une grêle cinglante, d'abord vers l'ouest puis vers le nord. Nous tentons évidemment un mouvement tournant contre la droite allemande.

Lundi 21 septembre

Le jour se leva avec la calme luminosité du début de l'automne. Nous avons continué notre mouvement enveloppant.

Vers midi, une lourde batterie française en position près de la route se met soudain à tirer. Nos officiers partirent au galop en reconnaissance. Nous pensions que nous allions passer à l'action, mais on nous a finalement dit que nous ne serions pas recherchés aujourd'hui et nous avons été envoyés camper dans un parc près de Ribécourt. Nous avons rangé les canons sur une pelouse bordée d'un magnifique bois de hêtres bordé de rhododendrons.

D'un côté de nous s'étendait une nappe d'eau immobile, rougissante sous l'éclatant coucher de soleil, et de l'autre, parmi les bouquets d'arbres sous lesquels s'étendaient des parterres de fleurs rehaussés de sauge rouge sang, s'élevait un beau château moderne. Sous le riche feuillage, un petit pont rustique enjambant la rivière donnait un effet curieusement vénitien.

La soirée fut étouffante, mais nous allâmes néanmoins nos feux de bivouac sous les châtaigniers qui bordent la rivière. Dans l'obscurité de la nuit désormais tombée, l'étang ressemblait à une énorme tache d'encre. Nous étions presque aveuglés par la lueur jaune de nos feux et ne distinguions plus les berges du fleuve, risquant ainsi à chaque pas de tomber à l'eau.

mardi 22 septembre

Nous avons passé la nuit sur de la paille dans les dépendances.

Mon poignet est maintenant guéri et je vais regagner mon poste avec le premier fusil.

Sous le soleil du matin, l'étang brillait comme un miroir d'argent, et le petit pont vénitien jetait une note lumineuse parmi les tons sombres des arbres, tandis que l'eau qui coulait en dessous, sur la bave et les feuilles pourries, était d'un noir de jais. Le château se détachait nettement sur le ciel bleu pâle, et les graviers jaunes des allées et la sauge vermillon contrastaient vivement avec le vert uniforme des pelouses.

La batterie a continué. Le crépitement des tirs de fusils et de mitrailleuses accompagnait le rugissement de l'artillerie. L'ennemi prenait évidemment position contre notre mouvement enveloppant, que les commandants français avaient sans doute l'intention d'accentuer. Nous reprenons notre marche vers le nord, direction Roye. Le succès de la manœuvre dépendait du nombre, et je me demandais si nous avions suffisamment d'hommes disponibles.

Dans un champ, au bord de la route, des tirailleurs sénégalais, de beaux hommes couleur d'ébène, vêtus d'uniformes bleu marine, préparaient le café avec des gestes simples et des attitudes admirables de gens libres de civilisation.

Les officiers étaient partis en reconnaissance. Nous nous arrêtâmes au pied d'une longue pente, au milieu de grands champs de mangel-wurzel formant une sorte de bassin près du village de Fresnières, où tombaient de lourds obus.

La ligne de tir, formant un angle vers Compiègne, s'étendait du nord au sud. Nous ne pouvions être qu'à un ou deux milles, à vol d'oiseau, des plaines que nous occupions depuis quelques jours sur les bords de l'Aisne, près de Tracy-le-Mont.

Je ne sais quel écho ou quelle confusion de sons nous empêchait de situer exactement la position de la bataille. Les combats se poursuivent en direction de Ribécourt et de Lassigny, mais la batterie lourde qui bombardait Fresnières est désormais silencieuse. Derrière les bois, des colonnes de fumée noire s'enroulaient vers le haut. Des incendies ou des éclats d'obus ? C'était impossible à dire.

Mais notre principale inquiétude était l'horizon septentrional, masqué par une rangée de peupliers, et d'où des coups de fusil occasionnels et non soutenus révélaient la présence de l'ennemi. Les Allemands pourraient répondre à notre mouvement enveloppant en tentant d'exécuter une manœuvre similaire.

A la lisière des bois, au nord-est, on pouvait voir de nombreuses troupes en mouvement. Une longue colonne noire d'artillerie serpentait à travers le pays. Les battements de sabots d'un escadron lointain, au trot, sonnaient comme la reptation de quelque énorme serpent. Toute la campagne était vivante. De là où nous étions, on aurait dit que ce n'étaient que les feuilles des mangel-wurzels qui bougeaient au vent, mais en réalité c'était de l'infanterie déployée en ordre d'escarmouche.

Nous avons pris position dans un champ. Le sol sous mon canon était extrêmement mou, et il semblait évident que l'affût continuerait à reculer, ce qui aurait pour résultat qu'une erreur perpétuelle de pose retarderait notre rapidité de tir. Le deuxième canon n'était pas mieux placé que le nôtre, mais l'autre section, en position sur un champ de chaume, était sur un terrain beaucoup plus ferme. La batterie perdrait ainsi toute cohésion, mais il n'y avait aucune aide pour cela. Il était impossible de mieux utiliser la position qui nous était assignée.

Devant nous, quelques 77 mm. les canons balayaient les champs, mais cela ne nous inquiétait pas beaucoup. Par rapport à la position qu'ils occupaient, à en juger par leurs tirs, quelque part au nord-est, nous étions bien couverts. Mais au-delà de Lassigny, se détachant au milieu de la verdure, s'élevait une ligne de hautes collines boisées qui dominaient toute la plaine et du sommet desquelles notre batterie était certainement visible. Nous ne pouvions quitter des yeux leurs crêtes menaçantes. Que se cachait dans leurs sombres forêts ?

Nous étions bien à portée de l'artillerie lourde si l'ennemi installait une batterie à ce moment-là.

"Allez, dit Bréjard, il faut faire un trou et se mettre vite au travail."

Dans une hâte fébrile, nous avons creusé une tranchée derrière le wagon de munitions. Un autre groupe de 75, occupant une position parallèle à la nôtre, ouvre le feu sur Lassigny.

Les ·77 augmentèrent désormais leur portée et chaque round devint plus menaçant.

"A vos canons... par la droite, chaque batterie !" ordonna le capitaine.

"Quelle portée ? Nous n'avons pas entendu la portée", a crié Millon.

"Mille cent!"

"Combien?"

"Mille cent!"

"Oh, ils ne sont pas loin !"

— Ça n'a pas l'air bon, ça, grogna Hutin.

Le canon se cabra et recula immédiatement de plus de deux mètres. Nous avons dû l'avancer pour le mettre en position, mais la pelle et les roues s'étaient enfoncées si profondément dans le sol que tous les six, nous ne pouvions pas le déplacer. Les épaules contre les roues, luttant et transpirant, nous avons commencé à devenir nerveux et en colère. Finalement nous avons dû faire appel au détachement du deuxième canon pour venir nous aider.

Des fantassins avaient pris position devant la batterie. Nous leur avons fait signe de se diriger vers la gauche.

"Ils vont se faire couper en deux, les idiots !"

"À gauche!"

"Quels imbéciles !"

"À gauche!"

Le lieutenant, les poumons épuisés, agitait ses longs bras.

" Seigneur ! ne sont-ils pas stupides, ces gars-là ! " Nous avons crié en chœur :

"À gauche *à gauche* !"

Finalement, ils s'éloignèrent et nous pûmes tirer.

"Huit cent!"

Nous pensions que nous n'avions pas bien entendu.

"Huit cent!"

L'ennemi était donc là, derrière les crêtes, et avançait...

Qu'attendait le commandement français ? Pourquoi n'ont-ils pas lancé les troupes qui, du côté de Fresnières, pullulaient sur les champs de mangel-wurzel ?

Moratin, qui se tenait sur le chariot de ravitaillement, s'écria :

"Allez, qu'ils en aient plein ! Cet obus du premier canon en a fauché un tas. Là ! vous les voyez, les brutes !... Vous les voyez !..."

Ses paroles nous ont donné la force de pousser le pistolet, dont les roues tournaient constamment vers l'arrière, vers l'avant pour le remettre en position.

« Hutin ! »

"Quoi?"

"As tu entendu?"

"Entendre quoi?"

"Le voilà encore."

"Balles..."

"Oui."

"Par trois, double traversée !"

Le capitaine était grimpé dans un pommier près du quatrième canon. Les balles, effleurant la crête, étaient trop hautes pour nous toucher, mais elles coupaient continuellement les feuilles autour du capitaine. Nous l'avons supplié de descendre. Pour la dixième fois, l'un des artilleurs insista :

« Vous ne devez pas rester là, monsieur !

Le major intervint :

« Descends, De Brisoult ! »

Mais le Capitaine, ses lunettes aux yeux, continuait de scruter l'horizon nord et se contentait de répondre à voix basse :

"Mais je vois très bien, monsieur... très bien. Neuf cents !..."

"Neuf cent!"

"Neuf cent!" répétèrent les artilleurs.

Notre infanterie avait sans doute repris Lassigny. Les obus allemands éclataient désormais sur la ville, dégageant des nuages de fumée jaune.

"Mille!"

Nous avions enfin trouvé une position plus ou moins ferme pour notre canon, et notre tir s'accélérait à mesure que l'ennemi reculait.

"Mille cent!"

" Douze cents !... Cessez le feu ! "

Les détachements entassés devant les tranchées les douilles éjectées qui jonchaient le terrain. Les balles continuaient à bourdonner au-dessus de nos têtes, mais les balles de 77 mm. les obus tombaient désormais hors du but. Nous restions immobiles au fond de nos tranchées. Toutes les quelques minutes, Hutin me demandait :

"Quelle heure est-il?"

Quand je lui ai dit, il s'est impatienté :

"C'est foutu !" dit-il, nous n'avons pas l'air de nous entendre !

Dans l'après-midi, sur ordre de la division, le major ordonna d'amener les ailes.

Les cochers arrivaient à cheval, au trot.

"Démonter!" cria le capitaine.

Ils n'ont pas entendu. Les balles, effleurant la crête, sifflaient toujours. Ils seraient inévitablement tués.

"Maintenant, au total," dit le sous-officier supérieur... "Un... deux... trois... Descendez !..."

Vingt voix s'élèvent dans un seul cri. Cette fois, ils entendirent, et, sans arrêter les avant-trains, les cochers descendirent précipitamment de leurs chevaux.

Nous prenons une nouvelle position, encore plus près de l'ennemi, entre deux rangées de peupliers, dans une prairie couverte d'herbes hautes. Presque immédiatement le 77 mm. les canons, qui depuis le matin nous cherchaient sans succès, commencèrent à menacer notre batterie. L'ennemi n'aurait pas pu voir nos mouvements et aucun avion n'était visible dans les airs. Notre position avait-elle été signalée par un espion ?

Un fantassin passa, se tenant le ventre à deux mains et passant d'un pied sur l'autre en proie à d'intenses souffrances.

"Y a-t-il une ambulance là-bas ?"

"As-tu eu une balle dans le ventre ?"

"Non, ici... entre les jambes. Ça brûle, ça brûle affreusement !"

— Écoutez, dit Millon, dirigez-vous vers nos avant-trains, là-bas à gauche, derrière les arbres. Ils n'ont rien à faire et pourront peut-être vous aider.

"Merci ! J'irai vers eux."

"Mais faites attention entre les arbres de la prairie. Les obus y tombent en masse !"

Le malheureux soldat s'éloignait lentement, se tordant de douleur.

Le capitaine se tenait au pied du premier peuplier d'une des deux lignes, occupé à faire des observations. Des hommes prêts à transmettre des ordres de bouche à oreille gisaient à intervalles réguliers sur le terrain découvert entre la batterie et le poste d'observation.

Le 77mm. les obus éclataient maintenant directement au-dessus de nous. Nous nous sommes mis à couvert. Toutes les quelques secondes, les éclats d'obus ennemis sèment la position de balles, le plomb frappant le blindage en acier du wagon de munitions. Personne n'a bougé et personne n'a été blessé.

Alors je vis Hutin, qui, assis sur le siège du coucheur, s'abritait derrière le bouclier du canon, se leva brusquement :

"Bon dieu!" s'écria-t-il, "le capitaine !"

"Frapper?" avons-nous demandé avec inquiétude.

"Il a éclaté juste au-dessus de l'arbre contre lequel il s'appuyait !"

Malgré le danger, tout le détachement se dressa aussitôt comme un seul homme.

— Tu le vois, Hutin ?

"Non...."

Le lieutenant Homolle, le petit ADC du Major, qui remontait tranquillement et sans protection du poste d'observation, nous criait de loin :

"Voulez-vous vous mettre à l'abri, idiots !"

"Le capitaine?"

"Il n'est pas blessé."

Et, lorsqu'il fut arrivé jusqu'à nous et s'était abrité derrière le wagon de munitions, il ajouta :

" J'en ai deux à la cuisse... Ce n'est rien, ils ne sont pas entrés... quelques bleus, c'est tout. Il faut que l'obus éclate assez près pour faire des dégâts. Le plus ennuyeux c'est que le capitaine ne peut pas voir les Allemands. Nous ne pouvons pas tirer !

Le feu ennemi redoubla de violence et les balles d'obus criblèrent les peupliers, faisant un bruit de grêle. Des feuilles tondues, emportées par le vent, étaient éparpillées autour des canons.

Un des officiers de liaison, un des *hurleurs* [3] comme on les appelle, blessé au côté, quitte précipitamment le poste. Astruc, blessé à la poitrine et vomissant du sang, quitta également le terrain en s'appuyant sur le bras d'un camarade.

Nous sommes redevenus immobiles sous les tirs d'obus.

Depuis un moment ou deux, je ressentais une démangeaison inhabituelle dans ma barbe. Avais-je attrapé un ravageur des tranchées ? Hutin me prêta son miroir, mais, pendant que je me peignais soigneusement, j'éprouvais une brusque sensation de brûlure dans ma main droite, dans laquelle je tenais le miroir, et que j'avais tendu au-delà de la masse protectrice du wagon à munitions. Au même moment, quelque chose m'a frappé à la poitrine. Fébrilement, de la main gauche, je palpai le tissu de mon uniforme et j'y trouvai une déchirure à hauteur de poitrine. Je me sentis soudain faiblir. J'ai déchiré ma tunique et ma chemise... rien... je ne voyais rien. Ma peau n'était pas égratignée.

Mon portefeuille, mes lettres et mon étui à lettres, que je porte dans la poche de ma chemise, avaient arrêté la balle. Le sang jaillissait de ma main blessée. Ce n'était rien. Instinctivement, j'avais mis le miroir dans ma poche. Je ne sais pas comment il était resté entre mes doigts, car mon pouce n'était plus qu'un pendant pendant en lambeaux de chair.

"Il va falloir déguerpir", dit le lieutenant Hély d'Oissel, accroupi à côté de moi.

Hutin se leva :

« Lintier ! » s'écria-t-il d'une voix vibrante d'horreur qui me alla droit au cœur.

"Ce n'est rien, mon vieux... seulement ma main."

"Je vais l'habiller pour toi!"

Mais les obus tombaient sans arrêt et je refusais de le laisser sortir de ma cachette.

« Fuyez vite ! » dit le lieutenant.

Je m'enfuis à travers le pré, m'accroupissant le plus possible sous la menace des balles d'obus. Le sang coulait sur mes jambières et sur mes cuisses, et collait le tissu de ma culotte à mes genoux. De ma main, la balle avait projeté un morceau de chair et des tendons rouges en forme d'étoile sur ma poitrine.

Soudain, le sifflement des obus approchait.

Au pied d'un des peupliers, deux chevaux venaient d'être tués. Je me jetai entre eux dans les longues herbes tachées de sang. Les obus éclatèrent. Avec un bruit sourd, un gros éclat déchira l'un des corps inertes qui me protégeaient.

Je repart aussitôt en sortant rapidement du 77 mm. Ligne de tir d'obusier. Ma main blessée était couverte de terre et de sang de cheval. En traversant une route ou un talus, je me suis retrouvé soudain face aux gueules menaçantes d'une vingtaine de canons de campagne français alignés sur le terrain. Il n'y avait plus qu'à revenir sur mes pas.

Derrière l'artillerie immobile, des tirailleurs marocains gisaient parmi les mangel-wurzels. J'ai failli les marcher dessus avant de découvrir leur présence.

Un capitaine se leva et me fit signe :

"Viens ici, tireur, je te panse. Tu as ton pansement de premiers secours ?... Dans la poche intérieure de ta tunique ?... Allo, elle est toute déchirée ! Tu as été blessé à la poitrine ? Non ?.. .Eh bien, tu as de la chance !..."

Il a examiné ma main.

"H'm... méchant !... il y a eu beaucoup de terre et de graisse à canon dedans.... Il faut nettoyer ça et désinfecter la plaie le plus vite possible.... J'enlève le pire avec du coton."

J'étais essoufflé à force de courir, et le sang battait dans mes tempes et bourdonnait dans mes oreilles. L'instinct de conservation m'abandonna soudain et, tandis que je restais immobile, je commençai à me sentir mal. Mes jambes tremblaient et cédaient comme si elles étaient cassées au niveau des genoux. La silhouette de l'officier qui se tenait à côté de moi semblait se retourner sans cesse.

"Bonjour ! Calme !" il pleure.

Il a enfoncé le goulot d'un flacon entre mes lèvres et m'a versé un trait de rhum dans la gorge. Je me suis immédiatement senti renforcé de la tête aux pieds et j'ai ri en le remerciant.

"C'est d'accord!" dit-il en achevant de me panser la main.

Les hôpitaux de campagne de la division étaient à Fresnières, et je partis dans cette direction. J'avais l'impression que ma main s'était transformée en plomb et, tandis que je traversais la campagne, me tenant raide et droit pour résister à un nouvel évanouissement, soutenu par la pensée que je serais bientôt à l'abri, loin des obus et le combat, une lassitude insolite, une envie de sommeil et de silence, un affaiblissement de la volonté s'emparèrent soudain de moi et semblèrent pénétrer jusqu'à la moelle de mes os. Il me semblait qu'une fois arrivé à l'hôpital, je devrais dormir des jours entiers.

Dormir — dormir — et surtout ne plus entendre les canons, ne plus rien entendre. Vivre sans réfléchir et dans un silence absolu ; vivre après tant de fois avoir échappé de peu à la mort. Je me rappelai tout à coup ce que m'avait dit le capitaine des tirailleurs : ma blessure était sale, infectée de terre et de sang de cheval. La peur de la gangrène, du tétanos et de toutes autres putréfactions hospitalières me serrait à la gorge.

A Fresnières, un énorme obus venait de tuer, devant la porte de l'hôpital, un médecin, une religieuse et quatre blessés. Les corps étaient étendus côte à côte sur le trottoir, mais le cadavre d'un Tirailleur, grand géant à la peau sombre dont les bras, étendus, s'étendaient sur un espace extraordinaire, gisait toujours dans la chaussée découpée. L'air était plein du sifflement lointain des obus. Devant cette menace qui restait suspendue au-dessus de ma tête, maintenant que je ne pouvais plus me battre, j'étais saisi d'un sentiment instinctif et puéril de révolte. Je n'étais plus un jeu équitable.

Dans la cour à l'extérieur de l'hôpital, parmi les brancards transportant des blessés tachés de sang, des infirmiers déposaient les cas les plus graves sur une grande table recouverte d'une toile cirée à motifs fleuris. Deux médecins les pansaient en toute hâte.

L'un d'entre eux, un grand homme aux cheveux bruns et aux lunettes cerclées d'or, m'a fait signe. Je suis allé vers lui.

"Eh bien, qu'est-ce qui ne va pas chez toi ?"

"Shrapnel...."

"Regardons!"

Il déroula le pansement, et dès qu'il ôta la compresse, le sang se mit à jaillir comme une fontaine. Il regarda la blessure et fit une grimace.

"Hmm... ça saigne beaucoup..."

Il a appelé un de ses subordonnés, un officier barbu, qui s'est dépêché.

"Ecoute... nous ferions mieux d'enlever le pouce, n'est-ce pas ?"

"Je devrais le penser !..." dit l'autre.

"Bien. Nous allons vous interrompre immédiatement", a déclaré l'officier aux lunettes à monture dorée.

J'ai protesté :

"Coupez-moi le pouce !"

"Oui, à moins que tu veuilles continuer comme ça. Tiens, attends un moment..."

Un fantassin colonial venait d'être amené, le sang jaillissant d'une large blessure à l'épaule. Le médecin s'agenouilla près de lui et fouilla fébrilement avec ses doigts parmi les lambeaux de chair déchirés, essayant de pincer l'artère.

"Coupez-moi le pouce !..." résonnait à mes oreilles.

J'ai rapidement pris ma décision. Saisissant sur la table une compresse et une bande de charpie roulée, je parvins, à l'aide de ma main gauche et de mes dents, à panser ma blessure d'une manière grossière, et sans être observé par les officiers, qui s'occupaient de la plaie coupée. artère, je suis sorti de l'hôpital.

Je savais que je devrais retrouver les autres hôpitaux divisionnaires à Canny-sur-Matz, à environ deux kilomètres de Fresnières.

Je tombai sur un café encore ouvert malgré les obus et j'achetais une flasque d'eau-de-vie. Je plaçai mon étui de revolver sur mon côté gauche, à portée de ma main saine, car la nuit tombait, et souvent, à la faveur de l'obscurité, des patrouilles de cavalerie allemande parvenaient à se faufiler entre le réseau d'avant-postes et de soutiens français.

La route de Canny faisait un large détour, j'ai donc décidé de traverser le pays. Le clocher de l'église du village, se détachant nettement sur le ciel cramoisi, servirait de guide.

Ma main a continué à saigner. J'ai conservé mes forces en tirant fréquemment sur ma flasque de cognac et j'étais sûr de pouvoir atteindre le prochain hôpital.

Sur un champ en pente, près d'une meule de foin de forme carrée, des fantassins gisaient étendus, leurs culottes rouges faisant des taches lumineuses dans l'herbe sombre. Un souffle de vent passagère emportait avec lui une odeur inquiétante. Le bras de l'un des soldats prosternés au sommet de la butte s'étendait droit dans les airs, immobile sur la clarté de la ligne d'horizon ouest.

Homme mort!

J'étais sur le point de poursuivre mon chemin, quand, à l'ombre de la meule de foin, j'aperçus une silhouette humaine accroupie sur l'un des corps. L'homme ne m'avait pas vu... Il retourna le cadavre et commença à le fouiller. J'armai aussitôt mon revolver et, avec précaution, sans trembler, je visai le pilleur. J'étais sur le point d'appuyer sur la gâchette lorsqu'une peur soudaine m'a arrêté. Je voyais très clairement ses mouvements, mais son visage, tourné de côté sur le fond sombre de la meule de foin, n'était pas discernable. L'idée qu'il pourrait s'agir d'un gendarme identifiant les morts m'a fait baisser mon arme.

"Que faites vous ici?" J'ai crié.

L'homme sursauta comme s'il avait été piqué par un coup de fouet et se releva, ses traits nettement définis sur le ciel clair. J'ai vu qu'il portait une casquette plate à large visière.

" Occupez-vous de vos affaires et je m'occuperai des miennes ! " rétorqua-t-il. Là-dessus, il s'enfuit en courant en zigzags sous la menace de mon revolver, comme un animal qui cherche à brouiller ses traces.

J'ai tiré... il s'est arrêté un instant. L'avais-je frappé ? Une traînée de lumière jaillit de son ombre et une balle bourdonna devant mon oreille. Il repartit mais, au moment où il allait disparaître derrière un buisson, je tirai une seconde fois. J'ai cru le voir tomber parmi les ronces.

Je suis arrivé à Canny, où une lanterne rouge qui brillait dans l'obscurité marquait l'entrée de l'hôpital. Les blessés étaient étendus sous le porche et la cour en était pleine. Les médecins travaillaient d'arrache-pied dans une véranda attenante au bâtiment principal. A travers les vitres multicolores, une lumière diffuse filtrait lentement, illuminant vaguement les hommes étendus sur la paille. De temps en temps, lorsque la porte de la véranda s'ouvrait, un rectangle de lumière crue se répandait sur le sol, laissant apparaître une file de civières et les visages souffrants de blessés graves qui attendaient les premiers secours. Deux aides-soignants emportent la première civière du rang. La porte s'ouvrit derrière eux et la cour fut de nouveau plongée dans une pénombre vacillante.

Je restais là, très fatigué, regardant bêtement la scène. Ma main saignait toujours, mais maintenant seulement goutte à goutte.

J'ai demandé à un infirmier de passage :

« Savez-vous quand ils pourront panser ma blessure ?

"Ce soir. Allonge-toi sur la paille."

Je me suis allongé là où j'étais. Soudain, j'entendis à mon oreille une voix à la fois infantile et grave :

"Tu es blessé ?" dit-il avec un accent étrange.

Je me suis retourné et j'ai trouvé un grand nègre allongé à mes côtés. Je ne voyais de lui que deux yeux brillants.

"Oui, je suis blessé, Sidi. Toi aussi ?"

"Oui, moi blessé."

Il parut réfléchir un instant :

"Des Noirs... blessés, blessés, blessés... puis tués... tués... tués... Boches... oh ! beaucoup, beaucoup de Boches... William !"

" Ah ! alors tu as entendu parler de William ? "

"William... mauvais chef... beaucoup de femmes... beaucoup de femmes !... ah !..."

Il s'arrêta un instant puis reprit :

"Il y a beaucoup de femmes... des grands, des méchants chefs... comme là-bas... là-bas... ils ont tué les femmes... coupées... coupées... Wow !... comme ça !. .."

"Pourquoi?"

"Mauvais... ah !... il a eu une grande maison... a mis des têtes de femmes dessus... sur le toit.... Ah, mauvais...."

Il cherchait des mots :

"Oui, mettre des têtes de femmes - beaucoup de femmes - sur le toit de la maison... mauvais, très mauvais..."

J'avais trop mal pour dormir et j'étais obligé d'écouter son babillage enfantin.

"Alors... là-bas... le méchant chef met des têtes de femmes sur le toit... pas bien, non !... là-bas !..."

Et puis le Sénégalais a commencé à parler dans sa propre langue, une langue zozotée et douce. Peut-être qu'il délirait.

J'avais froid, mais néanmoins, au bout d'un moment, je trouvai mes paupières s'alourdir. Couvrant mes jambes de paille du mieux que je pouvais, je m'étendis et m'endormis.

Il faisait encore nuit quand je me réveillai et une fine pluie, ou plutôt une bruine, tombait. J'avais plus froid que jamais et ma blessure me faisait très mal. La véranda était toujours éclairée. Je pouvais voir la forme sombre du nègre allongé à côté de moi, mais je n'entendais plus sa respiration. J'ai tendu la main et j'ai senti la sienne. Il faisait un froid glacial. La paille sous moi semblait mouillée. J'ai regardé et j'ai découvert que mes pieds gisaient dans une mare de sang.

Je me suis levé. Les blessés graves étaient désormais pansés. Un feu avait été allumé dans la cuisine de la ferme, et un Algérien au visage blanc somnolait devant. Sur la cheminée, un réveil, placé entre deux chandeliers de cuivre, marquait deux heures.

J'ai fait panser ma blessure. Il s'est avéré qu'après tout il ne serait pas nécessaire de m'amputer le pouce. Un sous-officier a noté mon nom et, sur le bandeau en tissu qui tenait mon bras en écharpe, a épinglé un ticket d'hôpital : « Grave blessure par éclat d'obus à la main gauche. À invalider en arrière, assis.

NOTES DE BAS DE PAGE :

[1] Littéralement : « Prenez soin des enfants. » – « Merci ».

[2] Poilu (littéralement « poilu ») : terme populaire désignant le soldat français, équivalent à notre « Tommy ».

[3] Des cris.

mercredi 23 septembre

J'ai dû parcourir cinq milles à pied le long de la route principale, sur laquelle la foule des hommes blessés à la tête, aux bras et aux épaules est devenue peu à peu moins dense. Enfin, j'arrive à Ressons... la gare, le train... Puis les cahots interminables du camion à bestiaux à moitié plein de miches de pain moisies... la fièvre, la soif. Enfin l'hôpital... le lit... les mains des femmes, le pansement raidi de sang noir enlevé... le silence... ah, le silence !...

Le 30 septembre, la poste du matin m'apporta à l'hôpital une lettre de mon ami Hutin, que je copie ici dans toute sa simplicité :

"25 septembre 1914

« MON CHER LINTIER , écrivez-nous le plus tôt possible et dites-nous comment vous allez. J'espère que vous irez bientôt mieux, et tous les autres camarades du détachement se joignent à moi pour vous souhaiter un prompt et complet rétablissement. .

" Vous ne savez sans doute pas le malheur qui est arrivé à la batterie quelques minutes seulement après votre départ. Le capitaine a été tué, d'un éclat d'obus juste sous l'œil gauche. Vous vous souvenez de la façon dont nous disions tous : " S'il lui arrive quelque chose, il peut le faire. compter sur nous tous ? Eh bien, quand nous l'avons vu tomber, nous avons tous couru pour l'aider. Mais cela n'a servi à rien. Nous avons ramené le corps à la batterie et avons repris le commandement. nous continuâmes à tirer. Il pleurait en donnant le coup de feu lorsque, vers huit heures, nous reçumes l'ordre de quitter la position, et que nous avions calé le capitaine de Brisoult sur l'un des sièges souples du premier canon, la moitié de la batterie. ils avaient les larmes aux yeux. Deux artilleurs étaient assis à côté de lui. Ils lui avaient couvert le visage d'un mouchoir blanc. A Fresnières, nous l'avons veillé toute la nuit.

" Depuis, nous n'avons pas fait grand chose. D'ailleurs, nous avons été un peu déstabilisés par cette perte. Je ne peux pas vous dire où nous en sommes, mais si je vous dis que la batterie n'a pratiquement pas changé de place depuis votre départ, vous saurons plus ou moins où nous sommes engagés.

"Toujours vôtre

" , GEORGES HUTIN .

Mes yeux sont également devenus humides en lisant ces lignes.

LA FIN